圖解
客家政治
與經濟

王保鍵 著

 # 自序

我愛草莓

個人自己跟客家的淵源，本人將其劃分為「緊密連結期」、「藕斷絲連期」、「再發現昇華期」三個階段。

首先，遙想年幼時，成長、玩耍在一個人口數約略一萬餘人的苗栗客家庄（大湖鄉），雖然家中以國語為主要溝通語言（父親為外省族群、母親為客家族群），但從小玩樂的同伴都是客家族群，受環境影響而能習得並使用客家語言。特別是，因為兒時居住於著名的草莓之鄉，記得每到草莓季結束時，家母就會將親友所送的草莓煮成好幾桶的草莓醬，家中就會有很長一段時間要食用草莓醬。故在成長的記憶中，對草莓並沒有特別的好感。

其次，國中畢業後，進入新竹中學就讀，發現來自竹東的同學，講的客家話腔調跟我從小使用的不一樣，再加上周遭同學多為閩南族群，慢慢地就逐漸不使用客家語言了。北上到臺北念大學、工作，更是相當長的一段時間都不再使用客家語言。然而，縱使甚少使用客語，但在各種需自我介紹的場合，都會說明自己為來自苗栗的客家人。有時候，有人會進一步詢問來自哪一個鄉鎮，當我說兒時居住在大湖鄉時，多數人都會說：大湖的草莓很好吃。

第三，結婚生女後，居住臺北地區，生活重心以家庭為主，與朋友往來少了，妻子為非客家裔，自然更難使用客語。但因為撰寫博士論文，受邱榮舉老師之提點，以臺灣客家運動與《客家基本法》（Basic Hakka Act）為研撰論文主軸，開始涉獵客家研究相關議題。臺灣大學畢業後、出國進修前，受邱榮舉老師提攜，有幸在臺灣大學客家研究中心擔任特約助理研究員，並兼客家中心的執行長，積極投入客家研究相關計畫，讓個人再發現臺灣客家文化之美，並思考臺灣客家族群發展相關議題。特別是，因為個人的女兒，最愛的水果就是草莓，所以當回苗栗探望父母時，有機會就會順道去大湖，冬天採草莓，夏天吃大湖草莓酒莊的草莓冰淇淋（女兒最愛的食物）。因本人的小公主對草莓的熱愛，不但讓本人有機會再常回到兒時成長的地方，更讓本人產生深刻的「客家情懷」。

在客家研究領域，個人要感謝曾經教導過本人的老師們，包含臺灣大學博士論文的三位指導教授：趙教授永茂、張教授維安、邱教授榮舉；以及個人大學時期的導師：施教授正鋒。事實上，還有許多的師長與同儕對個人的學業及生活提點良多，但受限於篇幅，無法逐一列出，謹此一併表達誠摯的謝意。

王保鍵 謹識

2013年1月

Glen Eyre Hall, University of Southampton

I

本書目錄

第2章 臺灣客家運動

第3章 客家政治參與

本書目錄

第 6 章 客家基本法與客家政策

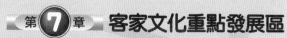

第7章 客家文化重點發展區

本書目錄

第 **8** 章 客家事務管理組織體系

本書目錄

第1章

臺灣族群運動與族群政治

●●●●●●●●●●●●●●●●●●●●●●●●●●●● 章節體系架構 ▼

UNIT 1-1
臺灣族群運動與國際關係

圖解客家政治與經濟

從全球化或國際的視野，少數族群之保障概念，可說是對西方帝國殖民主義與德國希特勒（Hitler）納粹政權對猶太人進行種族屠殺（genocide）之反思，以國際法上人權保障體系之建構，及聯合國維和行動之實踐，積極保障與扶助少數族群。伴隨著民主化之浪潮，不但國際社會課予國家保護少數族群之義務，少數族群本身也積極透過政治參與管道爭取自身權利。

（一）國際人權法所建構族群平等與少數族群扶助機制

聯合國大會於1966年12月16日以《世界人權宣言》為基礎，通過《公民權利和政治權利國際公約》。依該公約第27條規定，在那些存在著人種的、宗教或語言的少數人的國家中，不得否認這種少數人同他們的集團中的其他成員共同享有自己的文化、信奉和實行自己的宗教或使用自己的語言的權利。聯合國大會並於1965年通過《消除一切形式種族歧視國際公約》。

1992年聯合國通過《在民族或族裔、宗教和語言上屬於少數群體的人的權利宣言》，在其中繼續強調國家必須保護，並且設法鼓勵其境內少數族群的國籍、族群、文化、宗教，以及文化認同。

（二）第三波民主化與全球化：族群運動之動因

依杭廷頓（Samuel P. Huntington）於1991年出版之《第三波：二十世紀的民主化浪潮》一書，認為民主化過程分為兩階段：一是民主革命的權力轉移階段，即統治的權力由軍事政府或威權政府移轉至民選文人政府；第二階段則為民主鞏固時期，即民主政治制度如何建立與獲得正當性基礎。杭廷頓並將民主化分成三個階段，其中第三波民主化首先出現在1974年南歐的葡萄牙結束其獨裁政權，改採民主政體；民主政權在歐洲、亞洲和拉丁美洲國家取代了威權政權。

按包宗和觀點，全球化係指全球經濟、政治、文化與環境聯結流動的狀況，使得許多現存之疆界及界線不再具有意義。一套社會過程，將我們現有的社會狀況轉變成全球性，轉換了人類接觸的方式。全球化的觀察指標略有❶經濟面向：包含市場聯結、技術成長與流通、跨國組織成長、新自由主義之崛起、國際分工、金融市場之全球化（如跨國提款持股）、勞動遷移、跨國階級（權勢來自個人才能而非國家權力）；❷政治面向：包含全球政治聯結強化、國家主權削弱、全球治理崛起（如歐盟）、移民管制、恐怖主義、城市聯結、歐盟、非政府組織快速成長、民主普及全球；❸文化面向：包含網際網路、媒體之角色與威力、語言全球化；❹意識形態面向：全球化的理想目標為過程可以控制、可以保護弱小國家和族群、共享資源、全球更多元化。

受到第三波民主化浪潮及全球化發展趨勢之影響，臺灣社會力開始鬆動，政府解除戒嚴，人民透過各種政治參與管道爭取自身權利及參與公共事務，為臺灣原住民運動、臺灣客家運動等群族運動，提供了滋養的土壤。

國際族群平等與少數族群扶助機制

	族群平等	少數族群扶助
消除一切形式種族歧視國際公約	締約國譴責種族歧視並承諾立即以一切適當方法實行消除一切形式種族歧視與促進所有種族間的諒解的政策。（第2條第1項）	締約國應於情況需要時在社會、經濟、文化及其他方面，採取特別具體措施確保屬於各該國的若干種族團體或個人獲得充分發展與保護，以期保證此等團體與個人完全並同等享受人權及基本自由。（第2條第2項）
消除一切形式種族歧視國際公約	締約國依本公約第二條所規定的基本義務承諾禁止並消除一切形式種族歧視，保證人人有不分種族、膚色或民族或人種在法律上一律平等的權利，並得享受平等司法救濟、人身安全保障、政治參與、公民權、經濟社會文化權等權利。（第5條、第6條）	締約國承諾立即採取有效措施尤其在講授、教育、文化及新聞方面以打擊導致種族歧視之偏見， 並增進國家間及種族或民族團體間的諒解、容恕與睦誼， 同時宣揚聯合國憲章之宗旨與原則、世界人權宣言、聯合國消除一切形式種族歧視宣言及本公約。（第7條）
在民族或族裔、宗教和語言上屬於少數群體的人的權利宣言	各國應採取必要的措施確保少數群體可不受任何歧視，於法律平等的情況下充分且切實地行使其人權。（第4條第1項）	各國應採取措施，創造有利條件，使少數群體得以表達其特徵和發揚其文化、語言、宗教、傳統和風俗，並使少數群體有充分的機會學習其母語或在教學中使用母語。（第4條第2項及第3項）

三波民主化的時間及範例（S.P. Huntington）

	第一波民主化	第二波民主化	第三波民主化
時間	1820－1926	1945－1962	1974－
浪潮（民主化）	美國、英國、法國、義大利、阿根廷	西德、義大利、日本、印度、以色列	葡萄牙、西班牙、拉丁美洲、亞洲、東歐國家
回潮（反民主化）	義大利、德國、阿根廷	印尼、菲律賓、巴西、智利	

多數決模型：有利於少數族群保障（A.Lijphart）

「行政—政黨」面向	模式	政黨體系	行政權集中或分散	行政與立法權關係	選舉制度	利益團體態樣
	多數決模型	兩黨制	集中	行政權大於立法權	相對多數決	多元對抗
	共識模型	多黨制	分散	立法權大於或等於行政權	比例代表制	統合式

「聯邦制—單一制」面向	模式	單一國或聯邦國	國會	憲法	司法審查	中央銀行
	多數決模型	中央集權	一院制	柔性憲法	無	隸屬行政部門
	共識模型	聯邦分權	兩院制	剛性憲法	有	獨立

UNIT 1-2
臺灣社會運動與族群運動

圖解客家政治與經濟

（一）臺灣民主化歷程

伴隨臺灣經濟奇蹟之締造，中產階級與各種社會組織、利益團體出現，獨立於政權控制之外的市民社會（civic society）乃逐漸形成，為臺灣的民主轉型厚植養分，並開啟了1980年代之社會運動黃金年代。1979年的美麗島事件成為黨外運動的高潮，並促成1986年9月28日民主進步黨之成立，1987年7月15日解除戒嚴，臺灣開始了一連串的民主化工程。

依朱雲漢的觀點，臺灣的政體轉型過程可以明顯分為兩個階段，第一階段是由蔣經國開啟政治自由化的過程，第二階段是由李登輝完成民主化改革的過程。在臺灣的民主化過程中，反對運動的發展受制於兩項特殊的歷史條件，使臺灣的政治衝突結構的演變過程也與拉丁美洲及東歐國家明顯不同。這兩項條件簡單來說，一是戰後的國家結構建構過程，一是戰後的外向型工業化策略所塑造的經社結構。前者引發省籍對立的政治化與國家結構的正當性危機，使得民主改革衝突益形複雜；後者使得反對勢力無力發展截然不同的經社發展策略。

（二）社會運動概論

孟祥森（1978）認為社會運動係指相當數量的人聚集在一起，以求改變或獲取既存秩序中的特定部分。社會運動的發生係為解決社會問題，是社會變遷的機制，涉及社會生活與資源的重心分配，其定義略有「社會變遷說」、「動機說」、「結構說」等三說。

社會運動之理論模型，可分為「群眾心理模型（感染論）」、「相對剝奪模型（結構緊張論）」、「資源動員模型（菁英論）」、「政治過程模型（菁英論）」、「新社會運動模型」。

1960年代的西方，隨著新左派運動的發展，湧現了女權運動、環保運動、人權運動、和平運動、同性戀運動等為數可觀的社會運動，稱之為「新社會運動」。新社會運動象徵傳統認同基礎（如工人階級意識）日益降低，新的認同基礎（如女性、同性戀）興起。

（三）臺灣社會運動之發展

臺灣社會運動發生原因，瞿海源認為係因以往缺乏民主的參與方式，人民長期在扭曲及封閉的系統與制度下解放後所產生之轉型歷程；高承恕（1990：10-19）認為係因經濟結構改變、政治結構鬆動、社會結構變化等三個因素交互運作結果，並將社會運動視為對現有社會結構的再定義、再詮釋、再評價。張茂桂（1990：21）認為80年代臺灣社會運動風潮主因是國民黨政權先已發生統治的危機，失去完全鎮壓反對力量之能力，被迫進行政治自由化與民主化的改造工作，也無力阻止既有資源投入受排斥民間社會（民眾部門）的社會抗議提升抗議層次，形成民間社會的社會運動資源得以串聯擴大。

（四）臺灣族群運動受臺灣社會運動之影響

臺灣族群運動主要有「臺灣原住民運動」及「臺灣客家運動」，皆可說是受到臺灣社會於1980年代社會運動之影響。

傳統社會運動與新社會運動比較（趙鼎新）

	傳統社會運動	新社會運動
動機	改變被剝削物質生活	實現非物質性價值
基礎	意識形態運動	單議題運動
對象	統治階級	公民社會本身
組織型態	階級化	民主平等
決策機制	少數服從多數	共識決

臺灣社會運動之分類（蕭新煌、顧忠華）

類型一 （顧忠華）	傳統（古典）社會運動	勞工運動、農民運動、原住民運動
	新社會運動	環保運動、人權運動、教改運動、婦女運動、消費者運動
	特定時空背景	新約教會運動、老兵返鄉運動、校園自治運動
類型二 （邱榮舉）	政治性（激進抗爭）	民進黨、工黨、勞動黨、國民黨主導者
	規範性（爭取自身權益）	勞工運動、農民運動
	公益性	消費者運動、環境保護運動、宗教運動
	自發性（同一類族權益）	婦女運動、學生運動、原住民運動、客家運動
類型三 （楊國樞）	自發性社會運動	女性運動、原住民族認同運動、校園民主運動、教師人權運動
	導引性社會運動	生態保育運動、消費者保護運動、新興宗教運動、勞工運動
	自發性自力救濟	老兵自救行動、果農抗議行動、新約教會抗議行動、高雄縣茄萣鄉民抗議中油施工不當
	導引性自力救濟	身心障礙福利運動
年代序 （蕭新煌）	第一波（1980-1986）	消費者運動、反公害運動、生態保育運動、婦女運動、原住民還我母姓和土地運動、學生運動、新約教會運動
	第二波（1987）	勞工運動、農民運動、教師人權運動、身障和弱勢團體福利運動、老兵福利自救運動、外省人返鄉運動
	第三波（1988-1990）	臺灣人返鄉運動、反核四運動、無殼蝸牛居住運動、客家族群還我母語運動、新聞自由運動、司法改革運動
當前十大社會運動		環保運動、社福運動、婦女運動、勞工運動、族群運動、司法改革運動、教育改革運動、媒體改革運動、青年運動、國會監督運動

UNIT 1-3
多元文化主義與少數族群保障

（一）意涵

多元文化主義（multiculturalism）包含「多元」與「文化」兩個重要概念，多元係指尊重差異，促使各種不同的言論、觀點與價值觀得以呈現；而文化之概念較為寬廣，包含不同的世界觀、使用不同的語言、擁有不同的生活方式等。又多元文化主義之分析焦點在於擁有特定文化的群體，而群體中的個人。故多元文化主義具有三項核心內涵（洪泉湖等，2005：7-11）：

❶破除「他者」之迷思，呈現多元的文化樣貌。

❷追求積極的差異性對待，而非一視同仁的消極式平等。

❸強調行動的積極開展。

又以金里卡（Will Kymlicka）之觀點（根據訴求之層次與強度）來檢視多元文化主義：

❶在訴求層次面向上，以其所指涉對象，可分為「事實」、「價值」、「政治」三層次；事實層次係指社會上存在著文化差異為一不可否認之事實；價值層次係指多元文化或文化差異是整體社會與個文化成員所值得珍視的價值；政治層次係指政府須防止少數群體之差異文化在國家社會中受到歧視（消極多元文化論）或確保少數群體之差異文化獲得存續空間（積極多元文化論）。

❷在訴求強度面向上，可分為「弱形式多元文化論」（thin multiculturalism）與「強形式多元文化論」（thick multiculturalism）二態樣，前者主張社會上所能容許的文化差異，仍須以自由主義核心價值（個人自由權）為前提；後者則以族群平等訴求為核心，必要時，為保障少數群體文化之存續，甚至

可接受反自由主義之手段（張培倫，2005：27-29）。意即透過多元文化主義所投射出之正當性基礎，賦予各族群有權利維持對其本身文化的自我認同。

（二）尊重文化多樣性：差異政治

在多元文化主義概念下，為尊重文化多樣性，就必須尊重「差異性」，並於制度上加以「肯認」，也就是說以差異政治（the politics of difference）與制度性肯認（institutional recognition）來確保文化多樣性之存續與發展。基此，「同化政策」（assimilation policy）應被揚棄，改「多元文化政策」。

Iris Marion Young指出近年來政治理論關注的焦點已從地位的差異性（politics of positional difference）移轉到文化的差異性（politics of cultural difference）（Young，2007：88）。為確保文化多樣性之存續與發展，採行差異政治與制度性肯認機制有其必要性。

（三）澳洲的多元文化政策

澳洲總理陸克文（Kevin Michael Rudd）於2008年2月13日於國會發表演說時，首度代表聯邦政府向原住民「被擄走的世代」（the stolen generation）提出正式道歉，企圖為多年來的種族糾紛劃下句點，並重新開啟和解共生的歷史新局。這個事件彰顯著澳洲揚棄「同化政策」為基礎之「白澳政策」（White Australia Policy）改採以「文化之多樣性」（cultural diversity）為基礎之「多元文化政策」。

文化多樣性的二種模式 （范盛保）

Will Kymlicka	模式一	原本自治的、地域上集中的文化併入一個更大的國家
		即「少數群體」，此類群體希望自己能在多數群體文化中，要求自治權以保存其獨特性文化之存續
	模式二	源於個體和家庭的移民，此類移民多屬一些鬆散的聯合體（即族群），渠等期盼能融入、被認同所移入之較大社會中
		同時也希望較大社會能承認其群體之認同，並以修改主流社會之制度與法律，以促使這些制度與法律能更好的包容文化差異

多元文化主義與國際法規範

《世界文化多樣性宣言》第1條	文化在不同的時代和不同的地方具有各種不同的表現形式。這種多樣性的具體表現是構成人類的各群體和各社會的特性所具有的獨特性和多樣化
	文化多樣性是交流、革新和創作的源泉，對人類來講就像生物多樣性對維持生物平衡那樣必不可少，從這個意義上講，文化多樣性是人類的共同遺產，應當從當代人和子孫後代的利益考慮予以承認和肯定
《保護和促進文化表現形式多樣性公約》第2條（指導原則）	**尊重人權和基本自由原則**：只有確保人權，以及表達、信息和交流等基本自由，並確保個人可以選擇文化表現形式，才能保護和促進文化多樣性。任何人都不得援引本公約的規定侵犯《世界人權宣言》規定的或受到國際法保障的人權和基本自由或限制其適用範圍
	主權原則：根據《聯合國憲章》和國際法原則，各國擁有在其境內採取保護和促進文化表現形式多樣性措施和政策的主權
	所有文化同等尊嚴和尊重原則：保護與促進文化表現形式多樣性的前提是承認所有文化，包括少數民族和原住民的文化在內，具有同等尊嚴，並應受到同等尊重
	國際團結與合作原則：國際合作與團結的目的應當是使各個國家，尤其是發展中國家都有能力在地方、國家和國際層面上創建和加強其文化表現手段，包括其新興的或成熟的文化產業
	經濟和文化發展互補原則：文化是發展的主要推動力之一，所以文化的發展與經濟的發展同樣重要，且所有個人和民族都有權參與兩者的發展並從中獲益
	可持續發展原則：文化多樣性是個人和社會的一種財富。保護、促進和維護文化多樣性是當代人及其後代的可持續發展的一項基本要求
	平等享有原則：平等享有全世界豐富多樣的文化表現形式，所有文化享有各種表現形式和傳播手段，是增進文化多樣性和促進相互理解的要素
	開放和平衡原則：在採取措施維護文化表現形式多樣性時，各國應尋求以適當的方式促進向世界其他文化開放，並確保這些措施符合本公約的目標

多元文化主義在臺灣的實踐

憲法層級	憲法增修條文第10條第11項，明定「國家『肯定』多元文化」
法律層級	《客家基本法》第1條
	《文化資產保存法》第1條
	《原住民族教育法》第2條

UNIT 1-4
多元文化主義與臺灣客家族群發展

針對「同化」政策的反思，乃有多元文化主義（multiculturalism）的興起，鮮明的例子如澳洲、加拿大、比利時、瑞士等國家。另化解愛爾蘭（Ireland）與英國間長期政治衝突的「受難日協議」（The Good Friday Agreement），以制度性機制（institutional and constitution framework）讓主要社群可以共存（McAleese，2001，vii），更是多元文化主義在政治上的重要實踐。

多元文化主義在臺灣的實踐上，應分成三個層次：一為憲法層次；二為法律層次；三為政策（公共政策/國家政策）層次。

❶憲法層次

《中國民國憲法增修條文》第10條第11項，便定明「國家『肯定』多元文化」；未來修憲時應增列「多元族群專章」。

❷法律層次

即先有《原住民族基本法》及其相關法規，後有《客家基本法》，惟《客家基本法》僅具有「法制化的政策宣示」效果（許多條文不具有法的規範性），且相關配套法規仍不夠。

❸政策層次

就是要採「多元文化主義」，實施多元文化政策，以建構各族群多元共榮共存之社會。

在「熔爐論」之同化政策下，以主流文化為主幹，弱勢群體之文化是處於被忽視或被壓抑之地位，致弱勢群體文化逐漸被邊緣化、消失化。臺灣客家文化在戒嚴時期之「國語化」同化政策下，就漸趨邊緣化、隱形化，若非客家運動之帶動與客家委員會成立後，積極復甦客語與客家文化，客家文化傳承恐將逐漸式微。

對於同化政策反省，出現了多元文化主義思潮。就客家族群以觀，1988年12月28日「1228還我母語大遊行」所開啟的客家運動所產生對政治結構、客家族群政治參與強化、語言政策等之影響，也正反映了當時多元文化主義之浪潮。特別是這場大遊行運動讓過去處於「邊緣化」或「隱形化」的客家族群，透過找回其客家母語之訴求，不但展現其政治能見度，更在社會文化認同上產生「新的客家人」的相關論述。

為維持本身文化的自我認同（right to cultural identity），又涉及了語言之復育與傳承。《客家基本法》第1條乃以「為落實憲法保障多元文化精神，傳承與發揚客家語言、文化」出發。更具體觀察，可從客家基本法草案總說明首段所揭示「為落實憲法肯定多元文化之意旨，並基於臺灣多元族群文化之社會特質、保障客家族群基本權益與實現平等權，以及客家文化為臺灣本土文化之重要一環，政府應積極建立客家政策機制，逐步落實相關措施，具體調整體制與重建價值，進而重建客家文化及其尊嚴，以實踐一個多元族群和諧共榮之社會。」之立法精神，加以論證。

亦即，《客家基本法》就是以「客家族群有權利維持對其本身文化的自我認同」為基礎，考量到以往以客家委員會為主體之行政措施，顯有所不足，需要更強而有力的制度性機制而制定的。

同化政策

同化政策

→ 同化一詞源自19世紀歐美移民政策中的「assimilation」

→ 典型代表可說是美國之「大熔爐」（melting pot）政策：以盎格魯薩克遜白人為主之主流文化，「融合」其他非洲裔、西班牙裔、亞洲裔美國人之文化

→ 以較寬鬆觀點來看，1937年到1945年間日治臺灣時期，臺灣總督府積極推動「皇民化運動」，亦可視為一種同化政策

加拿大《多元文化主義法案》

人口結構	法裔與英裔人口為主
1963年	設立雙語及文化委員會（Royal Commission on Bilingualism and Biculturalism）
	執行語言平等政策
1971年	在雙語架構之中的多元文化政策
	此政策反致使非法裔與非英裔族群之反彈
1988年	通過《多元文化主義法案》

澳洲的「多元文化政策」（范盛保）

主要歷程	1966年	終止白澳政策
	1974年	移民部長Grassby's 主張「為未來所建構的多元文化社會」
	1975年	通過《種族歧視法》》（Racial Discrimination Act 1975）
多元文化政策主要面向	1999年	多元文化澳洲之新議程
	市民責任	要求澳洲人支持自由和平等價值，俾利澳洲文化多樣性得以發展
	尊重文化	透過法律賦予澳洲人表達他們自己的文化和信仰，及接受他人亦有相同權利
	社會公平	所有澳洲人接享有不受歧視之平等待遇和機會
	生產多樣性	極大化澳洲人因人口的多樣性產生的文化、社會和經濟的優勢

UNIT 1-5
族群與族群意識

何謂族群？族群之英文用語為「ethnic」，有別於「race」（種族）。Charles W. Mills（2007：101）指出種族側重於生物上（biologically）之差異性，族群側重於文化上（cultural）之差異性。另依Robertson觀點（1987：286），族群是一群擁有共同祖先、語言、宗教或文化的人，而這群人自覺他們是與他人不同之獨特群體。又王甫昌（2003：10）指出，族群是指一群因為擁有共同的來源、或者是共同的祖先、共同的文化或語言，而自認為、或者是被其他的人認為，構成一個獨特社群的一群人。社會學者Melvin Tumin（1964：243）對族群之定義為：族群團體是指在一個主流的文化與社會系統中，因其所特徵呈現的或被其他群體認定的組合特色，而占有或被賦予某一特殊地位或認同之群體。

（一）族群之界說

在族群的界說上，較為人所熟知的應是原生論（primordialism）及工具論（instrumentalism）兩種論述；前者是基於共同之血統、語言、文化之「外觀」上的「與生俱來」特徵，又被稱之為本質論；後者則基於共同歷史、經驗、記憶之「主觀」上的「自我認同」，而此種主觀自我認同是可以後天「社會建構」，又被稱之為建構論（王甫昌，2002：10；施正鋒，1999：68；劉阿榮，2007：6）。依Benedict R. Anderson的觀點，民族或族群是經過想像而來的共同體（imagined community），即民族的認同是可以經過選擇而取得。

（二）族群意識

❶少數（弱勢）族群之自我認知

王甫昌（2003：14-16）指出，「族群」通常是少數（弱勢）者的人群分類想像，即族群意識。而「族群意識」又可分為三個層次：

①差異認知：自己與別的群體在文化、祖先來源或歷史經驗上有差異；

②不平等認知：指成員意識到自己群體受到不平等待遇（關鍵元素）；

③集體行動必要性認知：因受到不公平待遇而採取集體行動來改變不公平的狀態。另外，吳乃德與施正鋒亦認為族群意識或族群集體認同，是因特定族群對於自身處在不平等的結構位置的集體體認，而產生的政治意識或認同。

❷母語的使用

美國語言專家James A. Matisoff說：「語言是社群文化最重要的元素。語言死亡了後，那個文化的特有知識就喪失了，觀察世界的一扇獨特窗戶就關上了。」中央研究院院士李壬癸在1999年於《臺灣原住民史——語言篇》更指出語言係種族（族群）存亡之最重要指標，母語在，種族（族群）在；母語亡，種族（族群）亡。事實上，語言危機的癥兆顯現在母語傳承的衰微，當兒童不再學習母語時，這個語言就是瀕臨死亡的語言（endangered language）。

而當一個語言缺少母語使用人口，不再成為社區日常生活溝通工具，並且不再經歷正常的語言變遷時，就變成死的語言（dead language）（張學謙，2003：97），所謂「母語滅、族群亡」。故母語為族群意識之主要元素，亦是族群存亡指標。

族群之客觀特質論與主觀認同論（吳叡人）

	客觀特質論（本質論）	主觀認同論（建構論）
意涵	一群具有可以客觀觀察到的特色	建立在主觀上的集體認同（想像共同體）
特徵	如相同血統、語言、宗教、風俗習慣的群體	如「美國人」或「臺灣人」的集體認同

族群意識的內涵（王甫昌）

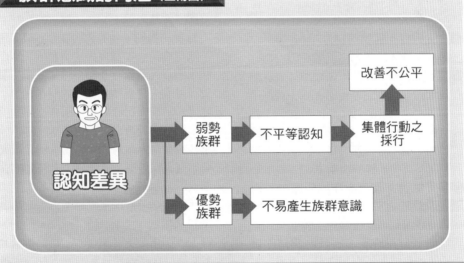

族群認同（Paul Brass、丘昌泰）

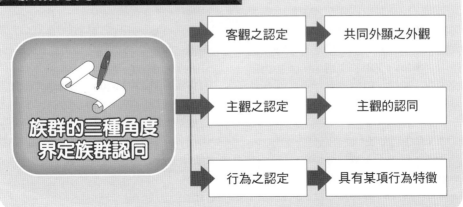

UNIT 1-6
族群運動與族群政治

族群運動是一種族群自我醒覺之自我認同運動，是具有共同族群意識一群人，因其為弱勢或少數群體，而產生不平等（injustice）之相對剝奪感（relative deprivation），並為改善此一不平等所進行的社會運動。

（一）族群運動

臺灣族群運動的發展脈絡，若以民主轉型為界線，可分為民主化前的「二元對立」，與民主化後的「多元併進」兩個階段。

❶二元對立：省籍情結

早期臺灣族群運動係因國民政府撤守臺灣所帶來外省族群，並賦予外省族群在政治面、經濟面等控制大權，讓福佬族群產生不平等認知，形成所謂的「省籍情結」。也就是說，臺灣早期的族群運動是一種以「省籍情結」為主的「二元對立」式的的族群運動。

❷多元併進：臺灣原住民族運動、臺灣客家運動

隨著臺灣威權政體之民主轉型（民主化）、社會力解放，各族群認知其自身與統治族群間不平等情況，積極以集體行動來爭取自身權利，並改善不公平之情況，由是臺灣原住民族運動、臺灣客家族群動興起，產生了「多元併進」式的的族群運動，也促成「尊重多元文化」之價值納入憲法架構中，及中央部會增設「原住民族委員會」及「客家委員會」。

（二）族群政治

吳乃德在討論省籍意識對於政治支持的影響時，認為族群現象的政治表現，應該是透過「族群身分——族群意識——政治態度與行為」的因果關係展現出來。」而族群意識的產生就是因為弱勢族群感受到相較於其他族群，其政治、經濟、社會地位上之不平等，並產生「相對剝奪感」之認知。復按施正鋒的「少數族群認同之政治化架構」，弱勢或少數族群面對結構上之不平等時，族群之相對剝奪感油然而生，此時國家之族群政策，若是不能及時回應弱勢或少數族群之訴求，則族群之自我集體認同乃形塑出「族群意識」，而成為族群政治運作之基礎。

特別一提的是，1987年3月下旬，民主進步黨籍立委黃煌雄及吳淑珍，為反駁中國國民黨籍立委趙少康與簡漢生關於「外省人是臺灣社會中的弱勢群體」之說法，遂向行政院長俞國華提出關於「中國結與臺灣結」以及要求政府「放棄歧視臺灣人政策」之質詢，引發了究竟本省人或外省人才是臺灣社會中的弱勢族群之論戰；自此，「族群政治」議題已成為臺灣於民主化轉型後，政治上主要議題之一。（王甫昌，2008：90-91）。這正是本書論述的主概念：臺灣客家族群在臺灣雖是第二大族群，但仍是少數族群，且是語言、文化上的弱勢族群。

亦即，minority之意涵除指涉「少數群體」外，亦可指涉「弱勢群體」：例如Helen Mayer Hacker於Social Forces撰有Women As A Minority Group（1951）一文。臺灣的客家族群在語言、文化上是弱勢，極需要國家以制度性機制加以保障。

少數族群認同之政治化架構（施正鋒）

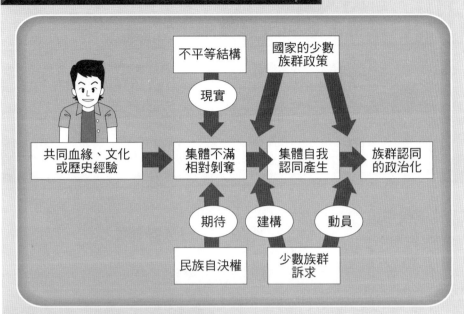

客家源流新探（謝重光）

客家先民 的基本構成	客家先民的主體是中原士族説之質疑		
	客家先民的基本成分是平民百姓		
	客家先民南遷的過程就是開發山區的過程		
客家民系 之形成	共同語言		
	共同地域	贛南區	
		閩西區	
		粵東區	
	共同經濟生活	山區特色的稻作農業	
		自給自足的自然經濟	
		婦女參與生產勞動	
		山區富含礦產，作為農業之補充	
		人民生活普遍困苦	
	共同社會心理		
客家民系 之發展	客家分布區域不斷擴大		
	客家精神在血與火之洗禮中昇華		
	海洋文化豐富了客家文化之內涵		

UNIT *1-7*
賦權理論與族群發展

圖解客家政治與經濟

既然臺灣客家族群在臺灣是少數族群且是弱勢族群，是需要國家以制度手段加以保障其語言權及文化權，則應以賦權理論（empowerment theory）短期快速提升臺灣客家族群政治參與，藉此建構臺灣客家族群之語言權及文化權保障機制。

（一）賦權理論

根據Wallerstein（1992）觀點，賦權是一個社會行動過程（social-action process），旨在提升人民、組織和社群對公共事務之參與。Page和Czuba於Empowerment：What Is It？（1999）一文中指出，賦權理論是多元面向的社會過程，旨在協助人們可以主導自己的生活方式，並可自主地定義其認為重要議題於自己的生活、社群、社會等面向上。

「賦權理論」，強調弱勢團體如何在短期內有效地提升政治參與、掌握政治權力；有別於傳統「社會人口因素」與「心理因素」兩種普遍性觀點（吳重禮、譚寅寅、李世宏，2003：94）。

社會人口因素與心理因素係屬「由下而上」之「長期性」發展歷程，賦權理論係屬「由上而下」之「短期性」效果，則臺灣客家族群究應循「由下而上」或「由下而上」途徑？

申言之，依Bobo and Gilliam的觀點，政治賦權的基本邏輯意味著，當少數團體菁英取得政治公職（諸如行政首長、民意代表席位、地方政府教育委員會席次）之後，而且掌握政治權力的時間愈久，其對於政治決策過程產生相當程度的影響，一方面激發所屬團體成員的政治態度，積極參與政治事務，另一方面形成「政策回應」，而有助於提升少

數種族的社會經濟地位（吳重禮、崔曉倩，2010：143）。在臺灣，《中華民國憲法增修條文》及《地方制度法》對原住民參政地位之保障，讓原住民在立法委員保障6席、縣議員保障山地鄉（或改制為直轄市之原山地鄉的市議員），這可謂「賦權理論」的具體實踐。

（二）族群發展

至於客家族群，雖然一般人認為臺灣客家族群之政治、經濟、社會地位，非居於弱勢；其緣由係因為有許多傑出之臺灣客家人在相關領域都有出色的表現。惟這都是臺灣客家族群「個人性」之積極努力所獲致的，是否即代表臺灣客家族群的「整體性」表現？如考量臺灣客家族群在語言、文化上確屬弱勢，且在客家族群語言文化的傳承上亦有危機，加以臺灣的《客家基本法》已有規定必須要保障客家族群「集體權」，故實有必要透過政治賦權方式，短期且快速地凝聚臺灣客家族群認同與共識，以復興客家文化與語言。

族群政治之社會人口、心理因素與賦權理論比較 （吳重禮、譚寅寅、李世宏）

	社會人口因素與心理因素		賦權理論
意涵	社會人口因素認為不同族群政治參與的差距主要肇因於不同的「社會經濟地位」		弱勢團體如何在短期內有效地提升政治參與、掌握政治權力
	心理因素解釋族群政治參與的差別，可再區分為「補償理論」（compensatory theory）與「種族社群理論」（racial community theory）	「補償理論」認為少數族群選民願意投票，或參與政治事務，係為彌補（或者對抗）主流族群社會所強加的排斥感與自卑感	
		「種族社群理論」認為少數族群在發展出族群意識後，將促使團體成員採取特定政治行動、展現高度政治參與，以改善弱勢團體的社會地位	
途徑	由下而上		由上而下
	須先行改善基層弱勢團體成員的社會經濟地位，或者形成強烈情感歸屬認同，始得提升政治參與程度		政治菁英以政見、選舉策略、個人魅力以贏得選舉掌握公職，再藉由優質施政與領導，刺激所屬弱勢團體成員參與政治的意願，激發部分潛在選民的認同和支持
政治參與程度	長期性		短期性

客家源流探奧 （房學嘉）

客家共同體	形成	客家人是古百越族中的一支，與歷史上少數遷徙至客家地區之中原人士混合所形成之共同體	
		至遲在南朝末期便已形成	
	特徵（南朝）	共同精神與道德觀	開拓進取，吃苦耐勞
		可相通之語言	早期客家話
		共同風俗習慣	生時重享受，死後重厚葬
海外客屬僑團	地域性	如大埔會館、永定會館、嘉應會館	
	血緣性	如泰國丁氏宗親會、新加坡劉氏宗親會、西河堂、江夏公所、高陽宗祠、穎川自治會等	
	職業性	如中華商會、嘉應商會等	
	慈善性	如印尼巴城養生醫院	
	宗教性	如泰國呂祖廟	

UNIT 1-8
臺灣原住民運動

（一）臺灣族群運動

臺灣客家運動是臺灣社會運動的一支，也是臺灣族群運動的一部分，臺灣族群運動主要指臺灣原住民運動及臺灣客家運動；臺灣客家運動是無可避免地會受到臺灣原住民運動之刺激。

目前原住民族保障之制度性機制，已在憲法、法律、政策三個層次有長足的發展，為建構臺灣客家族群之保障及發展機制，實可參酌原住民族之保障機制。意即，本於族群平等，臺灣客家族群可參照原住民族相關保障機制，來建構臺灣客家族群自己的制度性保障措施，在「正當性」與「政策論述」上，較無爭議性，也容易獲得其他族群之支持，而較能順利完成立法程序或爭取資源分配。

（二）臺灣原住民運動興起因素

臺灣於1980年代社會力解放，各種社會運動大興，原住民運動也順勢而起。有關臺灣原住民運動發展，汪明輝分為80年代至90年代前半由原權會主導之社會經濟抗爭的泛原住民運動時期、90年代部落主義之文化重建轉為原住民民族主義期（汪明輝，2003：105-130）。

長期參與臺灣原住民運動的夷將・拔路兒（阿美族，漢名劉文雄）觀點，其認為原住民運動係指被外來族群征服並統治的原住民族後裔，經由族群集體共同痛苦的經驗、覺醒、意識形態之建立，以組織、行動爭取歷史解釋權、傳統土地權，促進政治、教育、經濟、社會地位之提升，及對文化、族群再認同之運動，運動的最終目標是追求原住民族自決（田哲益，2010：11）。許木柱（1990：149-150）則以原住民的血緣和文化有別於占優勢之漢族、具有相似的適應困境與衍生的相對剝奪感、受1980年代臺灣社會運動之影響等三個因素來說明原住民運動之成因。

臺灣原住民運動最早起源於1983年台北原住民學生發行《高山青》刊物，1984年「黨外編聯會」成立，下設「少數民族委員會」，其後再結合原住民大專青年成立「臺灣原住民權利促進會」，並發行《山外山》雜誌（張茂桂，1990：69）；原權會的成立，確實讓原住民脫離社會中沉默、被忽視之情況，但其重都市、重媒體之發展策略，也遭受缺乏草根支持的批評（田哲益，2010：17）。再者，山地鄉向來以國民黨及教會（長老教會）系統為主要的支配力量，臺灣原住民運動更涉及了長老教會系統與國民黨系統間之對抗角力，增加臺灣原住民運動的複雜性。

1992年國民大會召開會議，原住民團體積極爭取「憲法原住民條款」，主要訴求有四項：

❶山胞正名為原住民。

❷保障土地權。

❸設立部會級專責機構。

❹原住民自治權（田哲益，2010：56）。

比較臺灣原住民運動與臺灣客家運動，可以發現臺灣客家運動係從爭取語言權出發，與原住民從正名出發，兩者之訴求顯有所差異；這實係因為原住民之需求與問題較為廣泛，致原住民語言復振之優先性較弱。

原住民族正名運動

層面	正名態樣	成效
族群集體權	山胞正名為原住民	1994年修正《中華民國憲法增修條文》
	各族系正名	曹族正名為鄒族、 邵族正名（原歸屬於鄒族）、 葛瑪蘭族正名（原歸屬於阿美族）、 太魯閣族正名（原歸屬於泰雅族）、 撒奇萊雅族正名（原歸屬於阿美族）、 賽德克族正名（原歸屬於泰雅族）
個人權	傳統姓名正名	1995年修正《姓名條例》修正
行政措施	行政區域名稱正名	嘉義縣吳鳳鄉正名為阿里山鄉、高雄縣三民鄉正名為那瑪夏鄉（現改為高雄市那瑪夏區）
	道路正名	臺北市介壽路正名為凱達格蘭大道
	傳統領域山川地名正名	2007年政府公告新竹縣尖石鄉及秀巒村為泰雅族傳統領域土地、邵族文化傳承與發展區

原住民族保障機制

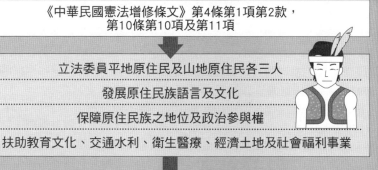

《中華民國憲法增修條文》第4條第1項第2款，
第10條第10項及第11項

立法委員平地原住民及山地原住民各三人

發展原住民族語言及文化

保障原住民族之地位及政治參與權

扶助教育文化、交通水利、衛生醫療、經濟土地及社會福利事業

《原住民族教育法》

《原住民身分法》

《原住民族工作權保障法》

《原住民族基本法》

《原住民族傳統智慧創作保護條例》

《財團法人原住民族文化事業基金會設置條例》

《地方制度法》

UNIT *1-9*
臺灣原住民運動對臺灣客家運動之影響

圖解客家政治與經濟

（一）原住民族保障機制之建構

臺灣原住民運動具體的成效，可從《中華民國憲法增修條文》之修正、相關法律之制定，加以論述觀察。1992年《中華民國憲法》第二次增修條文，第18條第5項（現為第10條第12項）規定「國家對於自由地區山胞之地位及政治參與，應予保障；對其教育文化、社會福利及經濟事業，應予扶助並促其發展。」1994年《中華民國憲法》第三次增修條文，將上開條文文字之「山胞」改為「原住民」。隨後，立法院制定《原住民族教育法》（1998）、《原住民身分法》（2001）、《原住民族工作權保障法》（2001）、《原住民族基本法》（2005）、《原住民族傳統智慧創作保護條例》（2007）、《財團法人原住民族文化事業基金會設置條例》（2008）等相關法律。

在文化權兼具個人權與集體權特質之國際潮流下，本於「差異政治」與「肯認政治」之觀點，臺灣的《中華民國憲法》1997年第4次修憲時，亦於第10條增訂「國家肯定多元文化，並積極維護發展原住民族語言及文化」規定。在此基礎上，政府陸續制定相關原住民保障與發展之法律，而目前原住民族正積極推動制定《原住民族自治法》。

（二）對臺灣客家運動之影響

從2005年通過臺灣《原住民族基本法》與2010年通過臺灣《客家基本法》，及《原住民族基本法》第1條、《客家基本法》第1條所揭示立法目的，皆為「建立共存共榮之族群關係」，顯見《客家基本法》是受到《原住民族基本法》之影響。

兩個族群運動間之主訴求有所不同，臺灣客家運動以母語權出發，臺灣原住民運動以文化權、生存權出發，走向自治權。也就是說，臺灣原住民運動之範圍及面向較廣，且成果較佳；如行政院會於2010年9月23日通過《原住民族自治法草案》並送請立法院審議。

就客家族群與原住民族保障機制比較，可以發現原住民族保障機制較客家族群推動與制定較早，且內容較為完備；也可以發現《客家基本法》之制定受到《原住民族基本法》之影響。故臺灣原住民運動及其法制保障機制，應可作為臺灣客家運動及架構其法制保障之借鏡。

進而，應有必要重新檢討「客家族群非弱勢族群，無須以制度加以保障」之說法。從《在民族或族裔、宗教和語言上屬於少數群體的人的權利宣言》第4條，及保障文化多樣性之差異政治的制度性肯認以觀，弱勢族群之「弱勢」所指涉者，非僅指政治或經濟上的弱勢，尚亦指涉「文化」、「語言」上之弱勢。而臺灣客家族群實屬「文化」、「語言」上之弱勢族群，自應參照國際人權法體系及多元文化主義之精神，以制度化機制肯認客家文化之特殊性，並保障客家族群。

臺灣客家族群與原住民族運動訴求比較表

客家族群		原住民族		
母語權（1228還我母語運動）	文化權	正名運動	「山胞」修正為「原住民」（1994年修憲）	
			傳統姓名正名	
			行政區域名稱正名	
			傳統領域山川地名	
		破除吳鳳神話		
	生存權	還我土地運動		反侵略、爭生存、還我土地
		蘭嶼反核廢料運動		
		反興建瑪家水庫		
		反亞泥、還土地		
	自治權	自治運動		原住民自治區

臺灣客家族群與原住民族保障機制比較

	客家族群	原住民族
憲法層次	國家肯定多元文化	國家肯定多元文化
		語言及文化，原住民族地位及政治參與、教育文化、交通水利、衛生醫療、經濟土地及社會福利事業
		立法委員平地原住民及山地原住民各三人
法律層次	《客家基本法》（2010）	《原住民族教育法》（1998）、《原住民身分法》（2001）、《原住民族工作權保障法》（2001）、《原住民族基本法》（2005）、《原住民族傳統智慧創作保護條例》（2007）、《財團法人原住民族文化事業基金會設置條例》（2008）
		《地方制度法》第33條之地方民意代表名額保障、第57條之山地鄉鄉長以山地原住民為限（1999）；第58條之直轄市之區由山地鄉改制者，其區長以山地原住民為限（2010）

基本法之類型

類別			案例
規範層次	憲法層級	具有憲法之最高性	德國基本法
	法律層級	正式宣示過去未受重視的價值理念，或揭櫫未來相關立法目標及其規劃	客家基本法
規範目的	名稱外觀		教育基本法
	實質規範		地方制度法

第 2 章

臺灣客家運動

● 章節體系架構

UNIT 2-1
臺灣客家運動概述

（一）臺灣客家運動興起之因素

臺灣客家運動（臺灣客家社會文化運動）興起的因素，是民主化下客家政治參與力強化、其他社會運動（特別是原住民運動）衝擊、本土化下客家族群自我定位等因素交錯影響。

臺灣客家運動興起因素分析，可以發現並非單一因素觸發或單一團體引導臺灣客家運動，而是整個外在、內在大環境變遷所蓄發之動能。外在環境之全球性的民主化浪潮帶動及多元文化主義作為論述基礎，以及內在環境的以臺灣為主體的本土化之社會結構改變與民主轉型，促使民間社會力的解放，加上客家菁英的積極倡議等等動能，綜合而產生一股沛然莫之能禦的臺灣客家運動。

（二）第二階段臺灣客家運動

以今日的外在及內在大環境，是否還能有上萬人以街頭社會運動方式，推動臺灣客家運動，不無疑問？特別是，當臺灣客家事務漸次法制化後，恐怕更不易再發生大規模的街頭社會運動了。但臺灣客家族群的需求是否已獲得滿足，問題是否已獲得解決？似乎還沒有。為處理臺灣客家族群之需求與問題，仍有必要推動臺灣客家運動，而推動的方略，就是「第二階段臺灣客家運動」，循制度機制強化臺灣客家族群相關訴求的正當性，並設計合宜的制度以健全臺灣客家族群保障及發展機制。

「第二階段臺灣客家運動」是有別於1980年代的「第一階段臺灣客家運動」。1980年代「第一階段」的「臺灣客家運動」是一個客家族群自覺運動，主要在建構客家族群意識、突出客家族群特色，以找回客家族群的身分認同，並復振客家母語及文化。「第二階段」之「臺灣客家運動」係以「多元文化/尊重差異/族群共存共榮」為思維，推動臺灣各族群（閩南、客家、外省、原住民、新住民）皆可共享之價值理念與生活方式。

（三）臺灣客家運動促使客家意識之醒覺

在臺灣客家族群隱形化下，易被強勢文化（福佬人的閩南文化）所同化，而產生「客家族群閩南化（福佬化）」的之「閩南客（福佬客）」。這些因經濟、文化、人口數弱勢，經歷閩南化過程而被閩南族群所同化的客家人，進入主流閩南社會中從事各種社會活動，邁入所謂的結構同化階段（賴顯松，2009：256）；長期以往，逐漸促使客家語言、文化面臨消失的危機，並成為客家族群傳承的最大隱憂。

因為臺灣客家運動之興起與發生，客家族群意識到自己語言、文化存在之價值性，意識到客家語言、文化傳承之危機性，意識到強化自我族群認同之重要性，意識到建構臺灣客家族群制度保障之必要性；自此，臺灣客家族群意識油然而生。

臺灣客家運動興起之因素

國際因素	民主化浪潮	第三波民主化：臺灣民主轉型
		政治參與擴大化：臺灣民間社團興起
		政策議題本土化：臺灣少數族群語言文化認同
	多元文化主義	多元文化保障憲法化：國家（臺灣）肯定多元文化
		少數族群保障國際法化：臺灣原住民保障入憲
		族群差異肯定化：臺灣族群政治興起
國內因素	社會結構改變與民主轉型	農業社會工業化：客家庄沒落
		都市化：客家族群隱形化
		憲政民主化：原住民族保障入憲之刺激
	民間社會力解放	選舉經常化：政治參與者積極爭取客家族群選票
		政治團體多元化：客家族群意識之建構
		語言政策本土化：本土化之結構緊張
	客家菁英倡議	客家族群認知解放化：集體心理改變
		外來資源挹注擴大化：菁英支持與團體結盟
		文化多元化：對主流價值文化性反抗

臺灣客家運動之「階段論」

第一階段

推動體制的改革
臺灣客家族群認同／客家族群意識

第二階段

體制內正當性的強化
多元文化／尊重差異／族群共存共榮

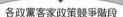
「還我母語運動」階段

各政黨客家政策競爭階段

制度化階段

臺灣客家運動的政策分析

分析模型	3I模型	理念（Idea）、利益（Interest）、制度化（Institutionalization）
	系統理論	David Easton之政治系統理論（A Model of the Political System）
		Michael Roskin之修正後系統論（A Modified Model of the Political System）
分析架構	理念層次	客家運動的問題意識
	利益層次	客家族群的政治支持與客家議題之整合
	制度化層次	客家政策的產出與反饋

UNIT 2-2
臺灣客家問題與臺灣客家運動

徐正光（2008：8-9）指出目前臺灣客家族群所面臨的重大問題有四：

❶客語大量流失及文化即將滅絕的困境。

❷重新建立歷史的詮釋權，讓被扭曲的客家族群形象，還其歷史的原貌。

❸建立民主公平的政經體制，爭取客家族群的合理權益。

❹重建合理的族群關係，以做為新社會秩序的基礎。

楊國鑫（2008：135-136）認為在前述這四個問題中最重要的是客語的流失，而「1228還我母語運動」臺北萬人大遊行正是對客語流失擔憂而產生；並指出臺灣客家運動是客家族群爭取語言文化傳承及掙脫集權專制爭取民主的運動，故臺灣客家運動可說是一種文化運動，亦可說是一種政治運動。張世賢（2008：301-305）指出臺灣客家族群所面對嚴峻的形勢為：❶客語幾乎已被擠出家庭，不久可能被擠出臺灣；❷臺灣客家社群幾已淪為語言文化上的「次殖民地」；❸缺乏客家意識，權益任人宰割；❹政治弱勢，經濟上更弱勢。蕭新煌與黃世明（2008：161-162）則指出，臺灣客家運動可說是經由長期的民主啟蒙及政經反抗運動經驗所引發之本土性的文化意識之甦醒運動。而臺灣客家運動存有兩個對立主軸：❶針對國家的不公平之國語語言政策；❷針對傳統以「閩南」為主流政治反對運動，疏忽客家少數身分，或「閩南」要求「客家」向臺灣中心意識看齊之「同化」要求。事實上，臺灣的客家人與閩南人間過去長期存有「閩客情結」，在臺灣解嚴後，客家族群更不能接受「閩南沙文主義」的意識形態，以及「客家族群閩南化」之情況，進而強化臺灣客家族群之族群意識。

邱榮舉與與謝欣如（2008：104-105）進一步指出，臺灣客家運動指涉一種以客家文化為主軸的社會運動、政治運動、族群運動、族群自我改造運動。其行動策略，以其進程可分為三個層次：

❶「遠程之客家文藝復興」，係採擷歐洲文藝復興模式，為客家注入活水，使客家再生，以開創客家文明。

❷「中程之臺灣客家文化運動」，係以持續性社會運動之推動，以其保存與發揚臺灣客家文化。

❸「近程之客家政策」，係具體地要求政府與各政黨，應研究、制定及落實合理的客家政策。

若從臺灣客家運動思索多元臺灣觀點，張維安（2008：412-413）提出以客家為方法，思考客家的特性，並思索臺灣社會的特色，替臺灣社會的多元族群文化建構基礎。關於「以客家為方法」，指從客家族群的歷史經驗之觀點來理解臺灣社會，特別是因為加入客家族群歷史經驗而產生的省思，例如尊重其他族群的歷史經驗與觀點，肯定其他族群對臺灣社會的貢獻與詮釋。進而從分析客家文化與臺灣社會文化關係，思考臺灣社會的豐富性與多元性，知道客家的貢獻，還有非客家的貢獻（如原住民、閩南、外省、新住民），肯定其在這個社會文化形成過程中的意義與位置，臺灣客家運動長期以來便是在建立這個多元合理的社會結構。

臺灣客家運動發展策略

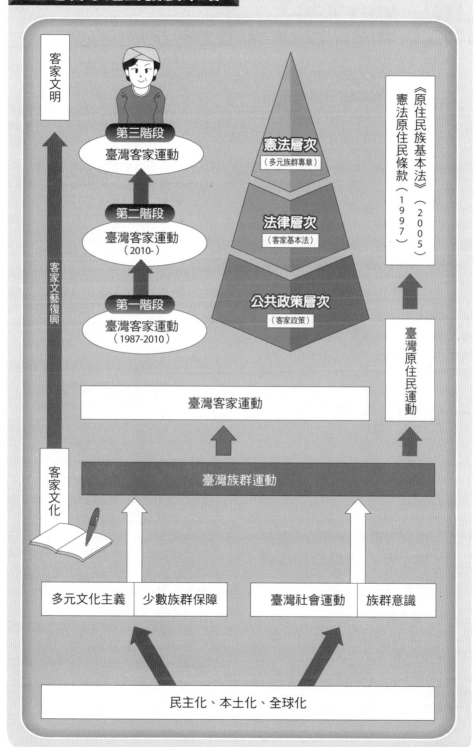

UNIT 2-3
臺灣客家族群發展的核心問題

（一）客家族群人數未臻明確：客家政策基礎科學性不足

《客家基本法》第2條第1款定義「客家人」為「指具有客家血緣或客家淵源，且自我認同為客家人者」。而此種「寬鬆化」的客家人定義，加上客家人口採調查統計推估之方式，無法精準地確定客家人口數（精確化程度不足），可能產生的問題有二：

❶不會使用客語者，長期居住在客庄者（具客家淵源），亦可成為客家人。此雖有助於擴大客家族群的人口數，但也因我群與他群分界易趨於淡化，恐不利客家族群認同與族群意識的建立。

❷已趨於寬鬆化之客家人定義，再加上客家人口採調查統計推估之方式，致無法精準地確定客家人口數（精確化程度不足），除讓制定客家政策或分配政府預算時，無法有科學基礎的標的群體數（受政策影響之具體人數），並讓客家文化重點發展區（Major Hakka Cultural Areas）本身設立依據（客家人口達三分之一以上之鄉鎮市區）之基礎，致生不穩定的問題。

（二）都會區客家族群的「隱形化」及「族群認同改變化」

就客家族群發展來看，第一代從客庄移居大都會區者，為融入都會區的文化，多隱藏其客家族群身分，而使用北京話或閩南語，產生「隱形化」或「閩南化（福佬化）」的問題。又於縣市改制為直轄市，及行政院「三大生活圈、七大區域」之國土再造政策方向，未來人口勢將聚居於都會區，而都會區客家族群的「隱形化」及「閩南化」的

問題，亦將更嚴峻地衝擊客家族群之發展。

除了「隱形化」問題外，更深一層次的問題是，許多客家族群的第二代或第三代成長於非客庄之福佬地區，致其受成長環境影響所形成的記憶與認同，不但趨向於福佬文化，更可能產生「族群認同改變化」。此類居住於都會區的第二代、第三代客家族群，有些縱使依稀仍保有客家認同，卻可能已不會使用客語，反而能使用流利的福佬語；有些甚至已轉變其族群認同，從上一代自認為客家人改變為這一代自認為福佬人，產生「客家人─閩南客─閩南人」變化的「族群認同改變化」的問題。

（三）其他族群不易接受客家族群爭取制度保障之訴求

此問題可從臺灣的《客家基本法》之立法過程，行政部門主訴求在通過《客家基本法》，為免影響既得利益者或其他族群權益，致造成立法障礙，乃以「集體權」為主軸來推動《客家基本法》之立法，採取「包容性」而非「競爭性」之規範機制，乃割捨了「個人權」保障之條文，而以「集體權」保障作為《客家基本法》規範主軸，致使臺灣的《客家基本法》恐僅具有「法制化的政策宣示」效果。

故如何讓其他族群理解客家族群在語言及文化傳承上之弱勢與困境，並建構未來制度保障之正當性基礎，以強化客家族群保障機制，應是下一階段（第二階段）臺灣客家運動的核心議題所在。

客家人之界說

《客家基本法》	「具有客家血緣或客家淵源，且自我認同為客家人者	
客家委員會《99年至100年全國客家人口基礎資料調查研究》	衡量客家「血緣」依據	以親生父母親、祖父母、外祖父母以及祖先是否具有客家人身分
	衡量客家「淵源」依據	以配偶是否為客家人、其他家人（如養父母）是否為客家人、住在客家庄且會說客家話、職場或工作關係會說客語等

客家人之源流

學派	主概念	代表
北漢主體說	客家人是擁有純正血統的漢族，乃王朝後裔	羅香林的《客家研究導論》
南漢主體說	客家人之祖先為閩浙粵贛等省在地原住民	房學嘉《客家源流探奧》、陳支平《客家源流新論》、葛劍雄《中國移民史》

羅香林的《客家研究導論》之缺失 （謝重光）

謝重光認為羅香林的《客家研究導論》之缺失略有

- 將中國歷史上大規模南遷的移民都視為客家移民
- 客家先民的概念，失於片面
- 將宋朝戶籍制度之主戶和客戶，誤作土著與客家
- 不加考證地運用族譜資料

UNIT 2-4
臺灣客家社會文化運動的開啟

有關臺灣客家運動緣起，依邱榮舉與謝欣如（2008：103）觀點，應源自1987年10月創辦《客家風雲雜誌》，接著有1988年12月由《客家風雲雜誌》策劃籌辦之「1228還我母語運動」萬人臺北大遊行，繼而有各種客家新社團、電臺和電視節目出現，及各種客家文化蓬勃發展。

❶《客家風雲雜誌》：凝聚客家族群意識

1987年6月間，邱榮舉邀集胡鴻仁、梁景峰、林一雄、戴興明、魏廷昱、黃安滄、鍾春蘭、陳文和等人，共同發起並創辦《客家風雲雜誌》（張世賢，2008：307）；並於1987年10月25日正式刊發，試圖以臺灣客家人自己的媒體，指出臺灣客家問題及危機，喚起臺灣客家族群的自主性，並凝聚臺灣客家意識，復振客語及客家文化。

《客家風雲雜誌》的藍圖目標，在為臺灣客家族群權益努力，並為臺灣全面民主、開放社會而奮鬥；當時兩大主要議題為「客家族群在臺灣的定位同地位」、「客家語言在臺灣的地位同危機」（梁景峰，2008：339-340）。

透過《客家風雲雜誌》各期之報導、論述，讓客家族群意識到自己身處的困境，有效地凝聚客家族群意識，並為下一階段的「1228還我母語運動」蓄積量能。

❷1228還我母語運動：「客家」議題公共化與集體權爭取

受到政治大環境變動與其他社會運動之影響，客家意識覺醒並付諸於實際行動者之客家「1228還我母語運動」，是臺灣客家運動重要里程碑。「1228還我母語運動」臺北萬人大遊行具有兩個重要象徵意義：一是客家議題之公共化；另一是爭取集體權以體現族群意識。

1988年12月28日在《客家風雲雜誌》的主導下，結合各地客家社團及工農運人士臨時組成「客家權益促進會」，共同發動「1228還我母語運動」臺北萬人大遊行。

在「1228還我母語運動」前夕，《客家風雲雜誌》發表《母語運動基本態度宣言》，開宗明義便宣示客家人維護母語尊嚴的決心，也向政府抗議數十年來錯誤的語言政策，要求重擬合理及多元化的語言政策。而「1228還我母語運動」大遊行之三大訴求為：❶開放客語廣播電視節目；❷實行雙語教育；❸建立平等語言政策修改廣電法第20條對方言之限制條款為保障條款。

💬 小博士解說

《廣播電視法》是於1976年1月8日制定公布，當時該法第20條規定：「電台對國內廣播播音語言應以國語為主，方言應逐漸減少；其所應占比率，由新聞局視實際需要定之。」後於1993年8月2日公布刪除第20條條文，刪除理由為：「原條文對方言使用比率之限制，非但侵犯各電台使用播音語言之自由；另一方面，更賦予新聞局過大之行政裁量權，而得能『視實際需要』隨時調整方言播音所占之比率。此外，近年來電台之節目或廣播內容發展趨勢，同一節目中國語及方言同時交互使用之比率漸增，新聞局無法確切規範方言使用比率。就技術層面而言，廣電法中限制方言比率之規定因實際上窒礙難行，業已形同具文。就電視科技發展之趨勢看來，提供電視節目多種播音系統之雙語電視（MTS）亦將逐漸取代現有單一播音電視，因而收視、收音語言之決定權，均將由大眾自由選擇，不需另由新聞局加以規範。

母語運動基本態度宣言（客家風雲雜誌）

《母語運動基本態度宣言》訴求

我們認為母語是人出生的尊嚴，原無貴賤高低之分，堅持完整母語權之目的，即在維護完整的人性尊嚴

這是客家人維護母語尊嚴及語群延續的運動，故其目的實非對臺灣社會人群的分類運動

臺灣本土語言包括原住民語、客家語及閩南語等，都在現行語言政策下受到箝制。因此，只有在臺灣語言政策透過真正民主的方式被批判地重建以後，實現本土和諧之語言生態，我們運動的目標方能達成

我們的運動當然地摒棄各種形式的暴力，而建立於對社會多元價值之承認，及對人權平等之信仰及維護

語言同時也是詮釋權利義務的工具，並且含蘊了文化價值，因此，平等和諧的語言生態不但是民主政治的礎石，更有助文化體系之豐碩壯大

宣言最後則論及：我們的母語運動一方面是，客家人主體亦是覺醒運動的一環，也是臺灣住民母語運動之一環，更是臺灣民主運動及本土化重建運動之一環

David Easton的政治體系模型

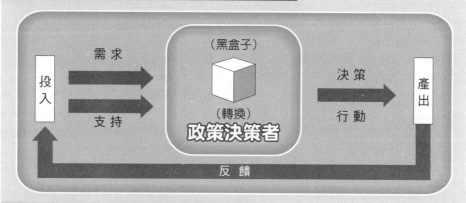

修正後系統論（Michael Roskin）

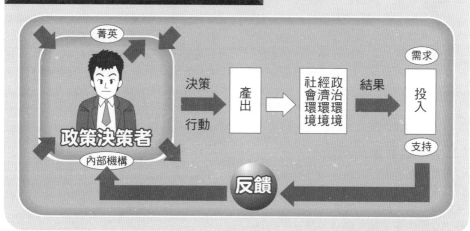

UNIT 2-5
臺灣客家還我母語運動的影響

還我母語運動讓客家族群思考其發展上之問題，並發展出「新客家人」概念，並讓「客家」成為公共議題，進而形成客家公共政策。

（一）HAPA與新客家人

1988還我母語運動後，各種客家社團陸續成立，並透過各種政治參與手段爭取客家族群利益。如以鍾肇政為首成立了「臺灣客家公共事務協會」（HAPA），其關心的議題主要有「母語解放」、「文化重生」、「奉獻本土」、「民主參與」，希望藉此訴求來推動客家運動（黃子堯，2006：102）。讓過去處於「邊緣化」或「隱形化」的客家族群，透過找回其客家母語之訴求，不但展現其政治能見度，更在社會文化認同上產生「新客家人」的相關論述；並以語言弱勢族群之自我認知，建構客家族群意識。

（二）政治結構：成立客家集體權之象徵性機關

還我母語運動除了讓當時的執政者（中國國民黨）必須有更具體的行動與資源來安撫客家族群。更重要的是影響了往後各種公職人員選舉，政黨或候選人必須提出與客家事務有關之政見來取得客家族群之選票。而設立客家專屬行政機關，對民選公職人員來說，便是一個容易達成且具有象徵性之政見。

（三）建構客家知識體系

臺灣客家運動另一個重點就是在大學設立客家學院、系所、研究中心。以客家學院為例，目前已有國立中央大學、國立交通大學、國立聯合大學三校設有客家學院。至於臺灣最高學府的國立臺灣大學則於該校社會科學院下設有客家研究中心。除設立研究機構外，政府亦編列預算開始購置相關客家圖書資料、補助相關客家學術研究等，以強化客家知識體系（客家研究），發展「客家學」。目前國內大學校院已成立之客家學院及相關系所等正式學制，共計有3所學院、2個學系、11個研究所、2個研究所碩士在職專班及21個客家研究中心。

（四）設立客家電視頻道

臺灣客家電視頻道之設立具有下列意義：

❶傳承客家族群之母語及文化之有力建制。

❷保障客家族群之「接近使用傳播媒體」權利。

❸落實憲法「言論自由」之核心價值。

（五）確立客家政策主軸：復振客語與復興客家文化

還我母語運動，主要就是針對如何維護與推廣客語為主要的訴求，基於客語一旦消失，語言使用者消失，代表客家族群也就消失了，故客語之危機便是客家族群之危機。在此種思維影響下，推廣客語便成為客家事務行政部門主要的政策方向，這可以從行政院客家委員會所推廣的客語比賽與客語認證考試，及客家電視頻道之設立等，看出復振客語之企圖。

新客家人（黃子堯）

傳統客家人	羅香林《客家源流考》	客家人是純種漢人，是中原貴族（北漢主體說）
		客家人的原鄉是中國
	老客家人（鍾肇政）	活在過去光輝的客家人
		在多數福佬人面前，隱藏客籍身分的客家人
新客家人運動	對內轉化客家認同原鄉歸屬	
	對外宣示客家人亦是臺灣人	
	積極外顯客家人之族群身分與特色（如積極使用客語）	

公共政策類型

提出者	Theodore J. Lowi；Robert Salisbury；Randall B. Ripley and Grace A. Franklin	
類型	分配性政策（Distributive policy）	
	重分配性政策（Redistributive policy）	
	管制性政策（Regulatory policy）	競爭性管制政策（Competitive regulatory policy）
		保護性管制政策（Protective regulatory policy）
	自我管制性政策（Self-regulatory policy）	

公共政策的理論模型（丘昌泰）

途徑	模式	核心概念
描述性途徑	菁英主義	公共政策反映統治菁英價值與偏好之產出
	多元主義	公共政策是社會中多元團體競逐之產出
	統合主義	公共政策是統合性組織整合各團體衝突利益之產出
	制度主義	公共政策是政府制度、結構運作之產出
規範性途徑	廣博理性	公共政策是充分評估利弊得失之產出（完全理性）
	滿意決策	公共政策是決策者滿意之產出（有限理性）
	漸進主義	公共政策是過去政策的小幅修正之產出
	綜合掃瞄	結合廣博理性與漸進主義

第 **3** 章
客家政治參與

● 章節體系架構 ▼

UNIT **3-1**
政治參與之意涵與研究面向

（一）政治參與之意涵

政治參與（political participation）是人民以各種途徑，努力影響政治過程。依David Robertson在1993年所著的"A Dictionary of Modern Politics"一書中，強調政治參與是公民奠基於憲法上之權利，透過政治活動取得自身之利益，而且此種公民之政治參與跟一國之政治文化（political culture）是相關的。

另依Sidney Verba和Norman H. Nie於1972年在"Participation in America：Political Democracy and Social Equality"一書觀點，公民們以直接或間接之方式來影響政府領導者產生或政府公共政策決策，以此作為其活動目標，從而採取各種行動策略。其主要內涵有三：❶政治參與是一種具體之行動策略；❷公民政治參與是一種志願性活動；❸政治參與是假定公民有自由選擇的機會與權力；❹政治參與之目的在於影響政府之人事與決策。

（二）政治參與之研究面向

按林嘉誠、朱浤源之《政治學辭典》指出，政治參與是政治成員以各種方式介入政治事務，包含直接與間接的手段；其目的乃是期待藉由政治參與滿足自我心理、物質的需求，或嘗試影響政府決策以促成自我或團體目標之達成。政治參與之目標，除了影響政府決策與自我或團體目標達成以外，部分公民從事政治參與活動，僅是證明自己有權利從事政治參與，或僅是滿足個人之自我心理需求；例如，部分公民參加投票，並不期待改變選舉結果，僅是滿足其公民角色上之需求。一般在探討政治參與時，主要的研究面向為：❶探討個人、社會因素與政治參與；❷政治態度與政治參與；❸社會經濟發展與政治參與；❹政治參與彼此之間的關聯性；❺政治參與對政治體系之影響（林嘉誠、朱浤源，1980：277）。

（三）政治參與之模式

❶**合法的政治參與：是指合於國家法令規範之政治參與活動。**

依參與的層次，可分為：①決策活動，如作為公職候選人；②過渡型活動，如捐款給特定政黨或候選人；③旁觀型活動，如參加選舉投票。

❷**不合法的政治參與：指違反當時國家法令規範之政治參與活動。**

①政治參與活動是具有道德正當性：非暴力的和平手段（體制內）

但如果那個法令是不具有正當性，則可能受人權運動者之挑戰；特別是在過去民主發展史上，為了對抗國家當時存在不合理的法律、制度，會有許多民權領袖不惜違反當時的法令來進行抗爭，屆以吸引社會輿論的關注，迫使政府採取改進的政策或修改不合時宜的法律；是一種「公民的不服從」（civil disobedience）。

②政治參與活動並不具有道德正當性：暴力恐怖之非和平手段（非體制內）

如果政治參與不但違反當時國家法律，所採取之手段是採取恐怖主義（terrorim）、顛覆（subversion）、叛亂（sedition）等有包括暴力行為的反政府活動，則是一種「非常態」或「非憲政」或「非慣常」（unconventional）之政治參與。

個人影響政治參與之各種因素

<table>
<tr><td rowspan="7">個人因素</td><td rowspan="3">個人介入政治活動所需之資源</td><td>財富</td><td>有錢的人,較有閒暇時間,政治參與度較高</td></tr>
<tr><td>教育</td><td>教育程度高者,具有較高之「政治效能感」,政治參與度較高</td></tr>
<tr><td>社會關係</td><td>社會關係或社會網絡中之意見領袖,政治參與度較高</td></tr>
<tr><td rowspan="3">介入政治所能獲得之報酬與利益</td><td colspan="2">與個人直接利益密切相關,政治參與度較高</td></tr>
<tr><td colspan="2">個人基於其較強烈之政治偏好,政治參與度較高</td></tr>
<tr><td colspan="2">個人若有較強烈之公民責任感,政治參與度較高</td></tr>
<tr><td colspan="2"></td></tr>
<tr><td rowspan="4">整體心理因素</td><td colspan="2">政治不滿感</td><td>公民對政治人物或政治制度不具有信心</td></tr>
<tr><td colspan="2">相對剝奪感</td><td>非客觀條件之評估,而係主觀上與他人比較之結果</td></tr>
<tr><td rowspan="2">政治功效意識</td><td>內在功效意識</td><td>感覺個人有去參與政治之能力</td></tr>
<tr><td>外在功效意識</td><td>感覺政府有回應個人需求之能力</td></tr>
<tr><td rowspan="3">制度因素</td><td colspan="2">平等性之增加</td><td>票票等值、政治現金的限制、投票之自動登記制等</td></tr>
<tr><td colspan="2">選舉法規</td><td>選票與席次間之關聯性,影響選民之政治參與(投票)</td></tr>
<tr><td colspan="2">年齡</td><td>投票之法定年齡規範</td></tr>
</table>

政治菁英動員與政治參與

<table>
<tr><td rowspan="2">動員型態</td><td colspan="2">直接動員</td><td>政治菁英透過直接面對面接觸來動員民眾參與政治</td></tr>
<tr><td colspan="2">間接動員</td><td>政治菁英動員興趣人士,興趣人士動員一般大眾</td></tr>
<tr><td rowspan="4">動員策略</td><td rowspan="3">掌握動員目標</td><td colspan="2">動員與菁英接近之群眾</td></tr>
<tr><td colspan="2">動員人際網絡中之核心人士或意見領袖</td></tr>
<tr><td colspan="2">動員容易被動員之人士</td></tr>
<tr><td>掌握動員時機</td><td colspan="2">輿論關注焦點時</td></tr>
<tr><td rowspan="2">動員方式</td><td colspan="3">利用社會關係動員群眾</td></tr>
<tr><td colspan="3">利用議題或意識形態動員群眾</td></tr>
</table>

評估政治參與之標準

<table>
<tr><td>提出者</td><td colspan="2">Sidney Verba和Norman H. Nie</td></tr>
<tr><td rowspan="5">指標</td><td>影響類別</td><td>是否已清楚傳達出行動者偏好之訊息</td></tr>
<tr><td>結果範圍</td><td>影響社會中多數的成員,或只是特定少數</td></tr>
<tr><td>衝突強弱</td><td>行動所造成衝突之程度</td></tr>
<tr><td>需要主動程度</td><td>公民是否主動介入</td></tr>
<tr><td>與他人合作程度</td><td>該項活動是否需要與其他人合作</td></tr>
</table>

UNIT 3-2 政治參與理論之發展

（一）古典政治參與理論：公民主動積極參與政治事務

呂亞力指出，古典政治參與理論是奠基於「古典民主理論」，所謂古典民主理論，係指John Locke、Montesguieu、Jean-Jacques Rousseau、John stuart Mill、Edmund Burke等人之民主觀。

古典民主理論是源自於古希臘城邦政治，特別是雅典（Athens）之政治制度。古希臘雅典之政治參與方式，是一種「公民直接參與政治事務」之直接民主方式。

（二）菁英政治參與理論：公民只有投票時之政治參與

菁英政治參與理論是奠基於「菁英民主理論」，所謂菁英民主理論係基於民主政治意涵為「透過自由競爭之選舉制度，讓統治者之產生經由被治者同意」，將關注之重心放在公民可以從相互競爭的不同菁英中，透過投票來選擇那些最能代表公民自身利益之菁英。

依Joseph Schumpeter於1942年出版的《資本主義、社會主義及民主政治》（Capitalism, Socialism and Democracy）一書觀點，民主政治的方法，乃是一套制度的安排，以獲得做各項之政治決定，使個別的菁英透過向人民爭取選票的支持，來獲得做決策之權力。

即在實際政治生活中，任何一個政體都是由少數政治菁英所領導與統治的；民主的作用在於賦予人民有選擇權（透過投票決定由哪些政治菁英來取得統治權）。民主是「人民在不同的競爭菁英中選擇最能代表人民利益者，成為統治者」。其方式是透過兩項制度性機制：❶自由競爭之選舉制度；❷定期改選之任期制度。其中，定期改選之任期制度更是司法院釋字第499號所揭示之「國民主權原則」。

菁英政治參與理論，本質上是弱化了公民在政治參與上之必要性。因為此理論主張，如何讓國家或社會達到民主的要求？基本上，只要國家之政治領導人（菁英）做到關心大多數公民的期待，以及完成選民選舉投票時之付託即可。換句話說，公民根本不必也不須積極參與政治事務，因為菁英為了爭取選票，以獲得當選及連任，自然會制定與執行符合民意的政策。

（三）參與式政治參與理論：強化公民在投票以外之政治參與

參與式政治參與理論，是強調民主政治中公眾政治參與的重要性，而政治參與的面向不是只有選舉時之投票，還需有其他之政治參與，例如公民投票與大眾諮商機制。其中所謂大眾諮商機制，可以是公民會議（consensus conference）或審慎思辯民調（deliberative polls）或公民論壇（citizen forum）或願景工作坊（scenario workshop）或學習圈（study circle）或開放空間（open space）等。

參與式政治參與理論，認為公民應積極參與公共事務議題（特別是與自身利益有關之公共事務），並透過討論論辯的過程來理性地表達自己的觀點，最終以理性作為決策的原則；進而，能夠發展人的思想、感情與行動的力量，體現人自我存在之價值。綜言之，參與式政治參與理論是強調「政治參與不應侷限於選舉時之投票，而應重視投票以外的政治參與的必要性」。

客家族群政治參與之面向

客家族群政治參與	客家政治菁英是否會反映客家族群之利益
	客家族群公民之政治參與
	客家族群公民政治參與之成果

個人從事政治參與因素

依Steven Rosenstone與John Mark Hansen於1993年著作"Mobilization, Participation, and Democracy in America"		
影響個人是否願意從事政治參與之原因	成本	從事政治參與所需要之資源（包含個人須付出之成本）
		資源（成本）係指個人之經濟生活水準、教育程度、人際網絡互動
	利益	從事政治參與所能獲得之利益
		獲得利益係指與個人利益切身相關或具有較強的公民責任感或能取得自我滿足之成就感

菁英之界說與研究（呂亞力）

界說	社會價值分配優勢者	社會種種價值，如權力、財富與地位，其分配甚不公平
		其中少數人每人獲得之量極大，而多數人則每人獲得之量極少，凡獲得這些價值的量較多者，即為菁英
	社會影響力優勢者	菁英乃指對社會、政治與經濟等程序之運作，具有較大影響力之人士
研究	菁英研究理論	政治階級論 |以Gaetano Mosca為代表
		治理菁英論 |以Vilfredo Pareto為代表
		寡頭鐵則 |以Roberto Michels為代表

臺灣客家政治發展演變（江明修、吳正中）

民主化前	客籍獨大	新竹縣
		桃園縣
	閩客輪政	苗栗縣
	江明修與吳正中認為屏東縣為「閩客平衡」，惟本書認為屏東縣屬「閩大客小」	
民主化後	江明修與吳正中認為有「地方政黨輪替」、「閩客平衡慣例消失」、「族群分野趨變」、「依政策取向浮動」	
	本書認為另可加上「地方派系進入中央」、「北藍（橘）南綠投票取向」	

UNIT **3-3**
客家菁英與政治參與

（一）政治動員與議題設定

民意是不會自然彙整，並自行進入政治系統中的，是需要特定人或團體的推動；亦即透過「議題設定」（agenda-setting）之方式，可以形成民意。而議題設定如何設定，如何形成民意？我們可以將公民分成四種類型：

❶能在政策形成過程中能發揮影響力之「菁英」。

❷平日會從事政治參與之「興趣人士」。

❸平日不關心政治之「一般大眾」。

❹完全政治冷感之「冷漠人士」。

而民意的形成，是一種政治動員的過程，通常是由菁英對特定公共政策議題提出看法，透過大眾傳播媒體喚起大眾與利害關係人之關注，進而形成集體的共同意見，藉以影響政策的過程，此即「議題設定」。亦即是由菁英動員興趣人士，來影響一般大眾與冷漠人士之過程；可以說公共政策之形成，是政治菁英動員民眾與形成民意過程。也就是說，在人民尚未知道其所需之前，政治菁英已提早注意到人民可能所需要之政策需求；民意的形成或政策的形成是菁英「由上而下」之政治動員所形成。

（二）客家菁英與議題設定

政治菁英與人民間之「議題設定」關係，對應到族群面向上。菁英的「議題設定」角色也是族群動員所不可或缺，特別是如何說服少數族群中的一般大眾之加入，並提供渠等有限的資源。

「1228還我母語運動」是由客家菁英動員客家裔興趣人士，來影響一般大眾與冷漠人士，讓客家裔的一般大眾或非客家裔的一般大眾，開始重視客家族群語言及文化傳承之危機，並進而開啟了客家事務的政策之窗，可說是一個「議題設定」的成功模式。

近代的客家菁英，可參照臺大邱榮舉教授2004年於客家委員會獎助客家學術研究計畫之《臺灣客家菁英與美麗島事件》中所列舉李登輝（從桃園龍潭遷居臺北三芝的客家後裔）、陳水扁（自我宣示其先祖來自福建詔安，為福佬客）、呂秀蓮、吳鴻麟、鍾肇政、邱連輝、許信良、吳伯雄、游錫堃、葉菊蘭、梁榮茂、徐正光、范光群、蕭新煌、李應元、吳東昇、劉闊才、林保仁、劉泰英、黃玉嬌、張德銘、范振宗、魏廷朝、張富忠、羅文嘉等人。

但客家菁英於政治動員之際，或有為實踐理想者，或有為純獲取個人政治資源者，亦即須明辨客家菁英確是為客家族群利益發聲，還是僅是操弄族群情感來獲取其個人政治利益？常見許多政治人物，為選舉選票之考量，會宣示其與客家之淵源，甚至宣示其為客家人；亦有部分客籍民意代表（菁英）因其選區多為閩南人，為選舉選票之考量，而隱藏或淡化其客家裔之身分。

（三）立法院第8屆客籍立委

若依客家電視台統計資料，第8屆立法委員中客籍委員，計有區域立委14人，不分區立委4人，占立法院立委總數113人的15.9%；與客家委員會調查推估《客家基本法》定義之客家人口占全國人口的18.1%問題有落差。

臺灣客家菁英與戰後政治事件（邱榮舉）

年代	事件	客家菁英
1974年	二二八事件	張七郎（花蓮客家人、醫師）、吳鴻祺（桃園縣中壢市客家人，法院推事、吳伯雄的伯父）等人
1964年	臺灣自救運動聯盟	三位臺灣大學師生彭明敏（臺大政治系主任）和兩位臺大法律系學生魏廷朝（桃園縣客家人）、謝聰敏共同發表一份政治宣言（臺灣人民自救運動宣言），推動臺灣民主化運動
1977年	中壢事件	在一群臺灣客家人如許信良、魏廷朝、邱奕彬、張德銘、張富忠、黃玉嬌等人的主導下，因選舉糾紛而爆發一場震驚國內外的大規模政治事件，使桃竹苗客家地區的地方政治逐步發生重大變化
1979年	美麗島事件	在美麗島雜誌社中擔任重要角色的臺灣客家菁英，有許信良（桃園縣客家人，擔任社長、社務委員、基金管理委員會委員、編輯）、呂秀蓮（桃園縣人，有客家人血統，擔任副社長、社務委員、基金管理委員會委員、編輯）、魏廷朝（桃園縣客家人）、邱連輝（屏東縣客家人）、邱茂男（屏東縣客家人）、張富忠（桃園縣客家人）、邱奕彬（桃園縣客家人）等人；辯護團律師中有張德銘（桃園縣客家人）、陳水扁（臺南縣人，有客家血統）、呂傳勝（桃園縣人，呂秀蓮之胞兄有客家血統）等客家律師

立委選區與客家政治參與

複數選區	有利於小黨或少數勢力（少數族群）
	客家族群在「複數選區」可以藉由「集中選票」方式，較容易選出政治代表
單一選區	有利於兩黨體系（杜瓦傑定律），不利於小黨或少數勢力（少數族群）
	客家族群選票不易產生其政治代表
實例	第六屆立法委員中，客家族群聚居縣市（桃竹苗）選出之客家立法委員占總席次225席的4%
	第七屆立法委員中，客家族群聚居縣市（桃竹苗）選出立法委員占總席次113席的3.5%
選舉制度之設計可強化或弱化客家族群之保障	

第八屆客籍立委

從客家電視台統計資料		
區域	臺北市	丁守中、林郁方
	桃園縣	廖正井、呂玉玲
	新竹縣	徐欣瑩
	新竹市	呂學樟
	苗栗縣	徐耀昌
	南投縣	馬文君
	雲林縣	劉建國
	高雄市	黃昭順、邱議瑩、邱志偉、管碧玲
	屏東縣	蘇震清
不分區	邱文彥、陳碧涵、吳宜臻、李應元	

UNIT *3-4*
客家政治參與暨政黨政治

圖解客家政治與經濟

（一）客家菁英與主要政黨

在國民黨戒嚴時期之威權統治下，客家政治菁英必須依附在國民黨之下，實是無可避免的。但在解嚴、開放黨禁之民主化後，從當時的政治局勢以觀，客家政治菁英有三種結盟選擇途徑：①持續依附在國民黨內，分享政治資源；②採取與民進黨結盟，並與國民黨對抗之立場；③自行組黨，成立以客家人為主的族群性政黨。就客家政治菁英之選擇來看，可以進一步分析如下：

❶採取第一種途徑（與國民黨結盟）者

①老一輩客家政治菁英者，如曾任立法院院長的劉闊才、國民黨榮譽黨主席吳伯雄等，係為國民黨長期培養之政治菁英。

②中生代或新生代之客家政治菁英，或有政治立場或政治利益考量者，如立法委員林郁方從親民黨轉換到國民黨；或屬繼承父執輩的第二代客家政治菁英者，如桃園縣長吳志揚（吳伯雄之子）、臺北市議員吳志剛（吳伯雄之子）等。

❷採取第二種途徑（與民進黨結盟）者

①老一輩客家政治菁英，如曾任民進黨黨主席之許信良、曾任客委會主委及總統府秘書長之葉菊蘭等，多為過去從事黨外運動者。

②中生代或新生代客家政治菁英，如曾任行政院秘書長的李應元、曾任客委會主委的羅文嘉、現任立法委員邱議瑩（邱茂男之女）等，多與黨外運動或與美麗島事件有關聯。

❸採取第三種途徑（成立客家黨）者

①在解嚴後之民主化後，迄今仍未有客家政治菁英選擇採取這個途徑。

②縱使在2006年10月14日「客家黨」正式向內政部立案登記，成為我國第121個政黨。但觀察客家黨第7屆立法委員區域候選人（推薦10人）與全國不分區及僑居國外國民之候選人（推薦3人），選舉得票結果，在全國不分區及僑居國外國民（政黨選舉票）部分，客家黨僅取得42,004張選舉票（得票率為0.43%）；在區域立法委員部分，客家黨也僅取得8,860張選舉票（得票率為0.091%）；顯見客家選民對客家黨之認同與支持偏低。至第8屆立法委員，客家黨則未提名任何候選人。

（二）提高客家族群之政治代表性強度

民主政治即為民意政治，客家族群之政治參與，涉及客家族群之政治代表性強度（民選公職人員多寡），加以客家菁英之主要權力運作場域為立法院，故如何提高客家族群之政治代表性強度並督促客籍立委與非客籍立委關心客家事務，是增進客家族群政治參與的重要構面。

比較選舉制度

選舉制度		
類型	代表國家	選區規模
相對多數決（第一名過關制）	英國、美國	單一選區
絕對多數決（二輪投票制）	法國	
選擇（偏好）投票制	澳大利亞	
有限投票制（複席單記多數決）	我國地方民意代表	複數選區
可轉讓	愛爾蘭	
政黨名單比例代表制 （百分百比例代表制，一票制）	以色列、比利時、盧森堡	複數選區
併立制	日本、義大利	混合制（二票制）
聯立制	德國、紐西蘭	

政治參與形式

代議政治式	選舉	
	罷免	
直接民主式	創制	
	複決	
表意自由式	著作出版	
	集會結社	
其他	參與民主式	審議民主式
	組織政黨	
	《政治獻金法》	《遊說法》

《政治獻金法》與《遊說法》：政治參與

《政治獻金法》	立法目的	為規範及管理政治獻金，促進國民政治參與，確保政治活動公平及公正，健全民主政治發展，特制定本法
	政治獻金之定義	指對從事競選活動或其他政治相關活動之個人或團體，無償提供之動產或不動產、不相當對價之給付、債務之免除或其他經濟利益。但黨費、會費或義工之服務，不包括在內
《遊說法》	立法目的	為使遊說遵循公開、透明之程序，防止不當利益輸送，確保民主政治之參與，特制定本法
	遊說之定義	指遊說者意圖影響被遊說者或其所屬機關對於法令、政策或議案之形成、制定、通過、變更或廢止，而以口頭或書面方式，直接向被遊說者或其指定之人表達意見之行為

UNIT 3-5
強化客家政治代表性之策略

圖解客家政治與經濟

（一）公職人員選舉罷免法之修正

　　針對整體臺灣客家族群在國會中的政治代表性不足之不公平、不正常現象，應集結全體客籍立委、客家團體及客家菁英，推動《公職人員選舉罷免法》修正案，於法律中明定各政黨在全國不分區之政黨名單比例代表席次中，應有一定比率之客家籍立委之保障。

（二）督促主要政黨黨綱中納入客家族群保障規範

　　由客家利益團體與客家公職人員透過議題設定之方式，讓選民及輿論關心客家族群政治代表性不足之問題，並付諸實際之政治參與行動，要求國內的主要大黨（國民黨及民進黨）必須在黨綱中規範客家族群保障機制，並落實於各政黨之黨內初選辦法或黨內公職人員提名辦法：明確規範客家縣市應以客家人為優先提名，以及全國不分區安全名單中應有相當比例之客家人。

（三）強化客家族群意識及提升自我認同之投票取向

　　不似原住民身分上之法律保障，或客家族群有語言之特徵，外省族群是更難界定之一群，一般多以眷村為其代表。但在分析眷村選民之投票行為時，卻發現他們有強烈之族群意識，多會依族群認同去投票。在過去複數選區下，比較不會浪費選票，甚至其政治代表性超過其族群人口數。

　　同樣的，客家族群如能強化族群意識，並能依其族群認同而投票，則客家籍立法委員之席次將能大幅增加。

（四）選民結構之調整：部分縣市選舉區之重劃

　　臺灣客家族群及其利益團體應推動部分縣市之選舉區之重劃，在某些客家族群聚居人口較多之縣市，如苗栗縣，若將原屬第二選舉區（山線）之頭份鎮劃入第一選舉區（海線）就有可能讓第一選區選出客籍立委。同樣的，如果將桃園縣之中壢市、大園鄉加以調整，也有可能再產生一席客籍立委。如此就有可能多產生2席客籍立委。

（五）政黨名單比例代表之不分區立委，可劃分選舉區

　　在選舉制度的類型上，我國中央民代（立法委員）之選舉制度是類似於日本的「政立制」，即是將第一票（直轄市、縣市選出的區域立法委員）的選舉結果和第二張票（政黨選舉票）的結果分開計算。惟事實上，我國之第二票（政黨選舉票）之比例代表制是與日本之比例代表制不同的。日本第二票（政黨選舉票）之比例代表制不是以全國為比例代表選區，而是分成11個比例代表選舉區。

　　是以，如果我國第二票（政黨選舉票）的不分區立法委員，可以比照日本的第二票（政黨選舉票），再細分成比例代表選舉區。本書參酌的傳統生活圈之概念，參照行政院七大區域之規劃，初步分成5個比例代表選舉區：❶大臺北地區；❷北臺灣地區；❸中臺灣地區；❹南臺灣地區；❺東臺灣及離島地區。

　　如果採取5個比例代表選舉區之制度，其中第2比例代表選舉區（桃竹苗地區），因多屬客家族群聚居，故各政黨在提名不分區立委名單時，就必須考慮客家群群之政治代表性。

臺灣不分區立委改採5個比例代表選區之建議

比例代表選舉區	直轄市縣市別	2012年6月底人口數	比例代表選舉區人口數	比例代表選舉區應選席次
第1比例代表選區	新北市	3926188	7426368	11
	臺北市	2663263		
	基隆市	378301		
	宜蘭縣	458616		
第2比例代表選區	桃園縣	2020103	3525575	5
	新竹縣	520234		
	苗栗縣	562684		
	新竹市	422554		
第3比例代表選區	臺中市	2674359	6014816	9
	彰化縣	1300618		
	南投縣	521218		
	雲林縣	711887		
	嘉義縣	535045		
	嘉義市	271689		
第4比例代表選區	臺南市	1878795	5515650	8
	高雄市	2775482		
	屏東縣	861373		
第5比例代表選區	花蓮縣	336020	779338	1
	臺東縣	227194		
	澎湖縣	97724		
	金門縣	108147		
	連江縣	10253		
合計		23261747	23261747	34

註：以共同生活圈概念，參照行政院七大區域之規劃，劃分為5個比例代表選舉區，並依各比例選區之人口比例分配不分區立委的34人。

臺灣地方派系的形成

地方傳統鄉紳勢力延伸說（趙永茂）	地方派系勢力的興起可謂地方傳統鄉紳勢力的延伸
	此研究強調地方派系能主導地方政治，係因傳統臺灣鄉民性格、領導結構與人情關係所致
地方社會既有分歧說（蔡明惠）	地方社會原存有之分歧造就了地方派系形成的基礎
	地方派系有其自發性的社會基礎，國民黨是在它比較具有動員能力之後，才與之合作利用，以利統治
侍從主義政治說（高永光、陳明通、王振寰）	國民黨政府賦予地方派系若干政治、經濟權力，以交換地方派系在政治上的忠誠
	並在各地方維持兩個以上的派系，使之相互制衡，而不致於危及國民黨的獨大

UNIT 3-6
客家社團

（一）客家社團之意涵

客家社團係以係以推展客家語言、文化、學術、慈善、體育、聯誼、社會服務或其他以公益為目的，由個人或團體組成之團體，並依《人民團體法》所定之程序，報請主管機關完成立案（採準則主義）者。

如經主管機關完成立案之客家社團，向地方法院依《法院辦理社團法人登記注意事項》完成登記者，則具有客家社團法人資格。

（二）國內客家社團

有關國內客家社團，目前已向內政部完成立案登記之「全國性」客家社團計有33個（原有36個，其中3個已解散）。

❶學術文化團體

包含「中華民國客家文化傳承研究協會」（81年6月7日成立）、「中華客家臺灣文化學會」（81年8月23日）、「中華客家文化傳播協會」（84年9月24日）、「臺灣省客家戲劇發展協會」（84年11月25日）、「臺灣客家公共事務協會」（90年6月3日）、「臺灣客家文經發展協會」（90年7月15日）、「臺灣客家論壇協會」（90年12月15日）、「臺灣客家教師協會」（92年4月20日）、「中華客家藝文推廣協會」（92年11月22日）、「臺灣客家文化數位發展協會」（92年12月29日）、「臺灣客家研究學會」（93年2月14日）、「臺灣客家音像紀錄學會」（93年3月27日）、「中華客家生活文化創意協會」（94年7月22日）、「臺灣客家文化發展協會」（94年8月25日）、「中華民國傳統客家表演藝術協會」（95年1月21日）、「中華海峽兩岸客家文經交流協會」（95年11月5日）、「臺灣客家語文學會」（96年12月29日）、「臺灣客家演藝文化協會」（98年5月30日）、「中華民國三叔公客家傳統劇演藝協會」（98年8月16日）、「臺灣客家文化產業協會」（98年10月20日）、「中華客家文化技藝協進會」（98年11月15日）、「臺灣客家新音樂創作協會」（99年1月30日）、「臺灣客家音樂著作出版協會」（99年8月25日）、「臺灣客家筆會」（99年11月7日）、「臺灣客家文化薪傳協會」（100年1月3日）、「臺灣客家語言文化農業推廣協會」（100年11月12日）。

❷宗教團體

僅有一個，為「中華道教暨客家文化藝術研究發展學會」（99年5月9日）。

❸體育運動團體

亦僅有一個，為「中華客家開口獅文化運動總會」（100年2月26日）。

❹社會服務及慈善團體

包含「中華世界客家婦女協會」（86年5月24日）、「臺灣客家民俗才藝研究發展協會」（91年5月11日）、「臺灣客家聯盟協會」（94年1月20日）、「臺灣客家婦幼發展協會」（95年10月21日）。

❺經濟業務團體

亦僅有一個，為「臺灣客家特色產業協進會」（96年2月4日成立）。

（三）海外客家社團

海外客家社團眾多，其中活動力較強者，如「世界臺灣客家聯合會」、「世界客屬總會」、「崇正會」等。

人民團體類型

依據		人民團體法	
類型	職業團體	職業團體係以協調同業關係，增進共同利益，促進社會經濟建設為目的，由同一行業之單位，團體或同一職業之從業人員組成之團體	
		職業團體以其組織區域內從事各該行職業者為會員；職業團體不得拒絕具有會員資格者入會	
	社會團體	社會團體係以推展文化、學術、醫療、衛生、宗教、慈善、體育、聯誼、社會服務或其他以公益為目的，由個人或團體組成之團體	
	政治團體	政治團體係以共同民主政治理念，協助形成國民政治意志，促進國民政治參與為目的，由中華民國國民組成之團體	
		符合右列規定之一者為政黨	全國性政治團體以推薦候選人參加公職人員選舉為目的，依本法規定設立政黨，並報請中央主管機關備案者
			已立案之全國性政治團體，以推薦候選人參加公職人員選舉為目的者

客家祭祀公業：「嘗」

祭祀公業	由設立人捐助財產，以祭祀祖先或其他享祀人為目的之團體		
	構成	設立人	捐助財產設立祭祀公業之自然人或團體
		享祀人	受祭祀公業所奉祀之人
		派下員	祭祀公業之設立人及繼承其派下權之人
客家人稱為「嘗」或「蒸嘗」	鬮分制	親族鬮分家產時，抽出部分財產以祭祀祖先之用	如屏東佳冬鄉的「楊氏宗祠」
	合約制	親族以出資認股的方式所組成	臺灣較少見

社團法人登記

法院辦理社團法人登記注意事項	法院辦理之社團法人登記，以公益社團法人為限	
	類型	設立登記
		變更登記
		解散登記
		清算人任免或變更登記
		清算終結登記

海外客家社團之最 （客委會）

會員數最多	馬來西亞之「沙巴暨納閩客家公會聯合會」，28,001人
會員數最少	客屬總會越南分會，10人

（2012年12月統計資料）

UNIT 3-7
客家社區營造

臺灣社區發展事務最早係依據1968年之《社區發展工作綱要》，各地成立許多「社區發展協會」，以推動公共設施建設、生產福利建設、精神倫理建設等三大建設。隨後，引介日本的造町計畫、英國的社區建築與美國的社區設計概念，行政院文化建設委員會（現已改制為文化部）1994年提出「社區總體營造」之政策。

（一）社區發展

《社區發展工作綱要》所稱「社區」，係指經鄉（鎮、市、區）社區發展主管機關劃定，供為依法設立社區發展協會，推動社區發展工作之組織與活動區域。社區之劃定，以歷史關係、文化背景、地緣形勢、人口分布、生態特性，資源狀況、住宅型態、農、漁、工、礦、商業之發展及居民之意向、興趣及共同需求等因素為依據。

而「社區發展」係社區居民基於共同需要，循自動與互助精神，配合政府行政支援、技術指導，有效運用各種資源，從事綜合建設，以改進社區居民生活品質。

（二）社區發展協會

❶成立：鄉（鎮、市、區）主管機關應輔導社區居民依法設立社區發展協會，依章程推動社區發展工作。社區發展協會設會員（會員代表）大會、理事會及監事會；❷建立社區資料：包含①歷史、地理、環境、人文資料；②人口資料及社區資源資料；③社區各項問題之個案資料；④其他與社區發展有關資料；❸推動社區發展：社區發展協會應針對社區特性、居民需要，配合政府發展指定工作項目、政府年度推薦項目、社區自創項目，訂定社區計畫、編訂經費預算、積極推動。

（三）社區總體營造

社區總體營造，以「人」、「文」、「地」、「產」、「景」等面向切入社區事務，並鼓勵社區居民積極參與公共事務，培養社區意識，建立人與人以及人與社區的新關係，使居民與社區形成互惠共生的生命共同體。

《文化部社區總體營造獎助須知》所推動並加以補助之社區總體營造主要包含「社區影像」、「社區刊物」、「地方文史」、「社區學習」、「文學藝術」、「社區工藝」、「傳統藝術」、「表演藝術」、「藝術創作」、「生態保育」、「文化資產」、「社區產業」、「其他」等13類。

（四）客家社區營造

陳板（2007：511）指出，客家社區營造涉及族群、社區、政策三個面向，三者環環相扣。在政策面上，客委會訂定《客家委員會補助地方政府推動客家文化生活環境營造計畫作業要點》，以推動保存傳統客庄社區公共生活場域，強化客屬文化資產特色，落實在地住民共同參與社區發展與環境營造。如以鍾姓詔安客為主之雲林縣崙背鄉新庄社區，即因居民積極參與社區營造，於2011年間獲得客委會「客庄生活空間改善」之補助，以提升居民對詔安客家文化的認同。

另伴隨治理概念之興起，亦有學者提出「客家社區治理」，如陳定銘（2010）指出客家社區治理強調政府、社區及民眾三方協力參與。周錦宏並指出，政府與非政府組織，社區領導與地方派系，亦會影響客家社區營造之成敗。

社區總體營造

「社區」意涵改變	「社區」，已不再是過去的村、里、鄰形式上的行政組織	
	而是在於這群居民的共同意識和價值觀念	
社區總體營造	精神	居民透過共同參與的民主方式，凝聚利害與共的社區意識
		關心社區生活環境，營造社區文化特色
		重新建立人與人、人與環境的關係
	原則	由下而上 ／ 居民參與
		自立自主 ／ 永續發展

《文化部社區總體營造獎助須知》之補助類別

社區影像	透過影像創作（如紀錄片製作、社區小故事拍攝），議題討論等方式，記錄在地文化特色，表達社區生活經驗及智慧，促進社區參與
社區刊物	透過社區刊物（如社區報、電子報）進行社區訊息傳播、共同議題討論，表達社區情感，促進社區參與
地方文史	以社區歷史或村史之訪查、整理、寫作、出版、展覽等為媒介，發掘在地資源，深化社區認同，以此探討社區願景圖像、社區發展等議題，並以社區居民為主進行訪查、記錄、整理等工作
社區學習	以研討會、讀書會、社區參訪、人才培訓、終身學習等為主要形式之社區營造策略，學習內容應以社區營造、節能減碳、營造永續社區等議題為主，並用以從事社區營造工作
文學藝術	以當地出生之文學家、藝術家、各類名人為主題，以歷史典故、生活、遺跡等為課題，讓社區居民充分認識、了解並解說這些人、事、物之故事，同時藉此發展出有助於地方產業提升之課題
社區工藝	讓社區居民認識社區特有之工藝，並可從社區傳統工藝之資源調查、研習、創作及產品開發等著手，作為社區民眾共同思考社區人文教育及產業發展之媒介，進而促進地方產業及觀光之發展
傳統藝術	以傳統藝術（包括戲曲、民俗等）為媒介，結合社區參與及傳統藝術保存與發展等課題，建立有效之社區營造操作機制
表演藝術	以表演藝術（包括戲劇、音樂、舞蹈……等）作為主題，營造社區發展特色，並激發社區居民參與感及創造力等
藝術創作	以藝術創作或展示作為社區探討公共議題之媒介，鼓勵社區居民一起動手做，激發社區參與感
生態保育	透過社區居民共同進行環境之整理及特有生態環境與物種之保育，凝聚社區共同意識，並提升社區居民生活品質
文化資產	以社區文化資產之調查、通報、保存維護、再利用等為媒介，激發社區共同參與、討論，進而善盡社區守護文化資產之責任
社區產業	以社區民眾為主體，共同推動、發展社區型產業，藉由產品開發、共同製作、包裝設計、行銷等議題，激勵社區活力，構築共同願景
其他	未列於上述類別，足以引發社區居民共同關切、參與並得共築願景之事項

客家社區營造類型 （周錦宏）

客家社區營造案例類型	空間改造型	藝文活動型
	文化資產保存型	社區服務型
	社區產業型	

第 **4** 章

客家語言

●●●●●●●●●●●●●●●●●●●●●●●●●●●●● 章節體系架構 ▼

UNIT **4-1**
語言意識形態

（一）語言歧視主義：法西斯主義理念

參照《消除一切形式種族歧視國際公約》第1條「種族歧視」定義，以作為同化主義式的單語政策基礎之「語言歧視主義」（linguicism），其指涉的是以基於語言之區別、排斥、限制或優惠，渠目的或效果為取消或損害政治、經濟、社會、文化或公共生活任何其他方面人權及基本自由在平等地位上的承認、享受或行使。意即主流語言長時間居於優勢地位，讓使用少數語言者被歧視，致少數語言使用者積極學習主流語言，產生少數語言族群被融入（同化）至多數語言族群中。

語言歧視主義可說是政治意識形態上之「法西斯主義」之展現，而法西斯主義之種族優越觀，是對「共存共榮族群關係」的一個重大威脅。

（二）語言公平主義：自由主義理念

基於基督教文明與自然法之正義觀，西方產生了平等權之思維，並以平等權來體現「正義」之價值。本於John Rawls「正義即公平（平等）」之（justice as fairness）之核心價值，少數族群為滿足其「獲得其應得的東西」之「正義」，必須訴求其語言權之「平等」。

平等權，概念上係指「同則同之，不同則不同之」，即相同的事件應為相同的處理，故亦稱禁止差別待遇原則或禁止恣意原則。

從平等原則之正義價值出發，透過建構客觀法規範，以保障個人主觀公權利，實為古典自由主義理念之展現。古典自由主義溯源自洛克（John Locke）思想，以自然權利為本，高度重視個人本身之價值，積極擴大個人之自由。

以自由主義之平等價值觀，投射於國家語言政策上，便是強調「非歧視性」之「語言公平主義」，國家必須在制度機制上賦予各種不同語言公平並存之環境。

（三）語言多元主義：社會主義理念

今日西方社會主義意識形態主要有「民主社會主義」、「基督教社會主義」、「費邊社會主義」三種。

社會主義對社會弱勢者的關注，主張積極地以國家機制來促進弱勢者福祉之價值觀，投射於語言政策上，則重視弱勢語言族群之困難處境，藉由國家機制來扶助弱勢語言族群發展。讓語言政策由消極面之「語言公平主義」昇華至「語言多元主義」，國家必須尊重少數語言之獨特性，在制度上給予少數語言較佳優惠措施、在資源分配上給予少數語言更多社會資源，參照本書前所論述的國際人權法機制，以「制度保障」與「創造誘因」方式，復振少數語言。

平等原則與權利保障機制建構

平等原則 → 主觀公權利 → 主張對公權利之侵害行使防禦權

平等原則 → 客觀法規範 → 可拘束法律之制定與執行

公法上權利vs主觀公權利

公法上權利	人民依公法所賦予之法律力
	主張自己享有特定之權利，要求國家為一定作為或不作為
主觀公權利	憲法所保障之基本權利，除具有傳統防止國家的侵害之功能外
	另具有主觀的功能，可作為要求國家依憲法或行政法為特定之給付
	主觀公權利，則係從公民之立場，指公法所賦予個人為實現其權利，要求國家為一定作為或不作為之權能

西方社會主義意識形態

民主社會主義 （Democratic Socialism）	循民主的手段
	在憲政之體制架構中進行社會主義運動
社會民主主義 （Social democracy）	強調對社會下層人民、弱勢者的關注
	以福利主義、重分配與社會正義等原則之基礎
	透過立法過程以改革資本主義體制，使其更公平和人性化，漸演變成一種「福利社會主義」
基督教社會主義 （Christian Socialism）	試把基督教的社會原則，如基督之合作、互助、友愛的精神，投射於社會結構之改造上
	保障社會弱勢及勞工
費邊社會主義 （Fabian Socialism）	發軔於英國費邊社（Fabian Society）
	重要成員為蕭伯納（George Bernard Shaw）、韋伯（Sydney Webb）
	費邊社不但協助英國工黨（Labour Party）的成立，有不少社員擔任工黨的議員
	費邊社會主義主張以「民主途徑、和平手段、漸進改革」的方式來實現社會主義的理想

UNIT **4-2**
語言人權與語言政策

（一）語言人權

日籍學者鈴木敏和定義語言權係指自己或自己所屬的語言團體，使用其所希望使用的語言，從事社會活動，不受他人妨礙之權利；即每個人有權使用自己所傳承之語言（right to use the language of one's heritage）。至語言權來源略有：❶直接源自基本人權；❷衍生自其他基本人權；❸公平正義原則，即平等原則；❹反歧視原則（施正鋒、張學謙，2003：136-139）。

以Skutnabb-Kangas和Phillipson的觀點，來說明語言人權在個人層次與集體層次之意涵如下（張學謙，2007：178）：

❶個人層次

從平等權角度出發，語言人權指涉每一個人無論其母語屬多數語言或少數語言，都有權認同、使用其母語，他人必須對此認同與使用權加以尊重。個人有學習母語之權利，包含以母語做為基礎教育之教學語言權，以及享有在公共領域或正式場合中，使用其母語之權利。

❷集體層次

語言人權指涉少數團體存續之權利，即與主流社會不同之權利。弱勢語言團體（族群）享有建立並維持學校或其他教育機構，使用其母語教學之權利，以發展其母語。少數團體（族群）也享有參與國家政治決策之權利，以保障該團體內部之自治權，至少在文化、教育、宗教、資訊、社會事務領域上，政府須提供租稅優惠或補助金措施。

（二）語言政策

如同Alan Patten（2001）指出，語言政策涉及族群、政治、法律等面向。參酌Matthias Konig於1999年所著 "Cultural Diversity and Language Policies" 一書觀點，並納入前述語言意識形態及語言人權之觀點，整理語言政策之態樣如下：

❶同化式之單語政策

以語言歧視主義為基礎之同化政策嘗試透過語言的單一化（homogenization）來達到凝聚民族與國家認同（national identity）之目標，因此官方語言的使用被視為是否效忠國家之指標，學校教育系統僅能使用官方語言。至少數族群語言可能被壓抑或有程度地被容忍，但少數族群會產生語言歧視之感受，進而引發政治衝突。

❷差別待遇式／容忍式之語言政策

在政府機關、教育機構等公共領域必須使用官方語言，而容忍少數族群語言能在家庭、民間日常溝通等私領域使用。政府透過「積極鼓勵使用官方語言、消極容忍使用少數族群語言」之語言政策，讓少數族群之語言使用人口及場域逐漸減少，進而讓少數族群語言逐漸趨向死亡。

❸多語公平並存式之語言政策

本於語言公平主義概念，承認少數族群之語言權，並在制度上予以保障；國家承認多種的官方語言，以促使少數族群在公共領域中自由地使用其母語。理想的雙語（多語）環境，是每個國民能流利地使用二種（多種）語言。政府提供一個非歧視之語言公平的環境。

❹復振／促進少數語言式之語言政策

植基於語言多元主義概念，除承認少數族群之語言權外，更進一步課予國家應以制度誘因或資源分配方式，對少數族群語言或瀕臨死亡危機語言，加以復振（復甦），以促進語言的多元發展。相較於多語公平並存式語言政策之消極保障，少數語言式之語言政策，具有積極扶助之政策作為。

意識形態與語言政策光譜分布

意識形態	語言歧視主義 語言公平主義 語言多元主義
	法西斯主義 自由主義 社會主義
語言人權	個人層次 集體層次
	壓制 容忍 非歧視 允許 促進及推廣
語言政策	同化式 差別待遇式 多語公平並存式 復振少數語言式

語言政策之類型（李酉潭、丁元亨）

Matthias Konig	同化主義式的單語政策（monolingualism）
	差別待遇式 / 排他式的語言政策（differentialist/exclusionist）
	雙語 / 多語的語言政策（bilingualism/multilingualism）
Karl W. Deutsch	推動整合或進行同化
	允許獨立或成立地區性自治政府
	提倡多元主義

客語能力認證

依據		《客家委員會推行客語能力認證作業要點》
客語能力		指客語之聽、說、讀、寫能力
認證方式	初級	總分100分
		筆試占20分，口試占80分，以上兩項合計達70（含）以上者為合格
	中級	總分300分
		筆試占100分，口試占200分，以上兩項合計達150分（含）以上者，為中級認證合格
	中高級	總分300分
		筆試占100分，口試占200分，以上兩項合計達215分（含）以上者，為中高級認證合格
	高級	總分300分
		筆試占150分，口試占150分，以上兩項合計達240分（含）以上者為合格
客語教學支援工作人員之合格證書		取得客語能力認證中高級（含）以上資格
		並參加直轄市、縣（市）主管教育行政機關所舉辦之客語教學支援人員認證（得免參加客語筆試、口試）合格者

UNIT 4-3
從語言公平走向語言復振

圖解客家政治與經濟

　　基於主觀公權利之保障與客觀法規範之建構，並彰顯少數語言族群之正義，在國際法規範層次，《聯合國憲章》（第1條）、《世界人權宣言》（第2條）、《公民與政治權利國際公約》（第2條第1項、第14條、第24條、第26條、第27條）、《保障少數民族或宗教和少數語言族群權利宣言》（第1條、第2條、第4條）等皆重視語言平等之保障。

　　從保障語言平等出發，透過制度上保障少數語言族群文化獨特性（制度保障），與資源分配上給予少數語言族群優惠措施（創造誘因）之政策作為以復振少數語言，以成為現今世界趨勢。在此潮流引領下，臺灣制度規範內涵亦有所變化。

　　臺灣以《中華民國憲法》第5、7、168、169條之憲法規範價值精神下，1992年5月8日公布《就業服務法》雖已有保障語言平等之概念，但卻是以「非歧視」思維加以建構。

　　至1997年第4次修憲時，於《中華民國憲法增修條文》第10條第8項（現為第10條第11項）規定「國家肯定多元文化，並積極維護發展原住民族語言及文化」。也就是說，臺灣憲法價值已受到國際上多元主義思潮，肯認文化的多樣性，並加以扶助保存。

　　伴隨憲法價值之轉變，在法律層次上，也開始以制度機制促進多元文化之發展，如2000年4月19日公布《大眾運輸工具播音語言平等保障法》，以及行政院以2008年2月1日院臺文字第0970003868號函送請立法院審議《國家語言發展法（草案）》。

　　接《國家語言發展法（草案）》總說明，「臺灣社會擁有多元族群，為多元語言及多元文化之國家。近年民間迭有以『還我母語』表達族群平等之訴求，相對於國際人權理念推動文化權之保障，以及聯合國教科文組織將我國母語列為瀕臨消失地區之情況，有關語言文化之保存與傳承成為備受關注之議題，而制定語言發展專法，藉以促進族群溝通與交流，亦為時勢所趨。為尊重語言之多樣性及平等發展，應承認本國各族群使用之自然語言均為國家語言。國民使用國家語言，不應遭受歧視或限制；語言為文化傳承之一環，為促進多元文化成長，豐富國家之文化內涵，政府應規劃及推動國家語言之保存、傳習及研究，並建立保存、傳承機制，以活化及普及國家語言；為具體落實及保障國民使用國家語言之權利，政府應提供學習國家語言機會，並於國民利用公共資源時提供國家語言溝通必要之服務。」及第1條所揭示立法目的，「為尊重及保障國民平等使用國家語言之權利，促進多元文化成長，豐富國家之文化內涵，特制定本法」；基此，臺灣語言政策係以透過制度上保障少數語言族群文化獨特性（制度保障），與資源分配上給予少數語言族群優惠措施（創造誘因）之政策手段以復振少數族群語言。

　　教育部並修正「國民中小學九年一貫課程綱要」，於2001年起將本土鄉土語言列為語文領域之正式課程。

臺灣語言保障及復振政策機制

	《國家語言發展法草案》	《客家基本法》	《原住民族基本法》	其他法律
制度保障	本法所稱國家語言，指本國各族群使用之自然語言。（第2條）	第4條、第5條、第6條第1項、第9條第1項	第30條	《通訊傳播基本法》第5條、第13條
	國民使用國家語言，不應遭受歧視或限制。外國人及他國移入本國並取得本國國籍者，應尊重其使用該國語言之權利。（第3條）			《國籍法》第3條、《歸化取得我國國籍者基本語言能力及國民權利義務基本常識認定標準》第6條。
	政府規劃及推動國家語言發展，應包容及尊重語言之多樣性。（第4條）			《行政院原住民族委員會組織條例》第5條
	國民得要求政府以其使用之國家語言提供服務及利用公共資源。政府機關（構）應提供國家語言溝通必要之公共服務。（第8條）			《客家委員會組織法》第2條
創造誘因（資源分配）	政府應辦理國家語言之保存、傳習及研究；對於面臨傳承危機之語言，應訂定復振計畫及建置國家語言資料庫，積極鼓勵進行語言復育、傳承及記錄。（第5條）	第6條第2項、第7條、第8條、第9條第2項、第10條、第11條、第12條	第9條、第12條	《公共電視法》第38條
	政府應獎勵廣播電視事業製播國家語言相關節目。（第6條第2項）			《原住民族教育法》第28條、第30條
	政府應鼓勵大學校院設立研究面臨傳承危機語言之系所，各級學校及學前教育機構應提供學習機會，傳承國家語言，並提供相關歷史文化教材，以鼓勵國民學習多種語言，促進族群溝通及文化交流。（第7條）			《財團法人原住民族文化事業基金會設置條例》第4條

臺灣母語

臺灣母語範圍	依教育部訂頒《國民中小學開設本土語言選修課程應注意事項》及《高級中等以下學校及幼稚園推動臺灣母語日活動實施要點》
	臺灣母語指社區多數民眾日常使用較多之閩南語、客家語、原住民族語言等臺灣本土母語
世界母語日	聯合國教科文組織於1999年第30屆大會決議將每年2月21日定為「世界母語日」
	促進語言文化之多樣性

UNIT *4-4*
語言瀕絕度與客家語言

（一）語言瀕絕之危機

聯合國教科文組織2009年2月19日發表最新的「語言的世界地圖」報告表示，目前全球6900種有人在說的語言裡，其中2500種正瀕臨消失的危險（endangered）。在教科文組織的估計裡，目前有538種語言面臨消失的程度是「嚴重危險」（critically endangered）；502種是「非常危險」（severely endangered）；632種是「真的危險」（definitely endangered），607種是「不安全」（unsafe）。過去50年來，已有200種語言「滅音」（今日新聞網）。故挽救流失語言或復甦瀕危語言（reversing language shift, RLS）乃成為重要議題。

（二）瀕危語言判定標準

關於哪種語言是不安全？哪種語言是嚴重危險？可參酌聯合國教科文組織專家會議2003年3月12日通過「語言活力與瀕絕度」（Language Vitality and Endangerment）判定標準，該判準分為三個面向（共9個要素）。

（三）語言活力指標

從語言生態的角度以觀，語言活力大小的指標尚可進一步說明如下，❶城鄉位置指標：越接近都會中心語言，其使用頻度越高，語言活力越強；❷語域占有指標：占有場域越多、影響力越大，語言活力越強；❸語碼轉換指標：語碼轉換意謂本語言某些語碼不足，須借重其他語碼，語碼轉換越多，語言活力越弱❹人口動態指標：語言使用人口越多、影響力越大，語言活力越強；❺網絡分布指標：一個社會中，存有無數的社會網絡，某一網絡結構越嚴密，其語言活力越強；❻群體地位指標：社會階層地位高的語言，其影響力較大，語言活力較強；❼語言地位指標：語言地位越高，語言活力越強；❽經濟基礎指標：一語言社群之經濟基礎越高，語言活力越強（何大安，2007：3-5）。

依David Crystal於《語言的死亡》（Language Death）一書，依語言活力，可進一步將語言分為五個等級：❶存活的語言，指語言族群的人口數目、興盛程度佳，長時間內，不致出現威脅存活的狀態；❷存活但小眾的語言，指語言族群人口數超過千人，族群較孤立，或內部凝聚力強，語言使用者也意識到語言是其身分表徵；❸瀕危的語言，指語言使用者之人口數僅足以維持語言存活；❹幾近滅亡的語言，指只剩少數老人尚在使用的語言；❺滅亡的語言，指最後一位可以流利使用語言者已經死亡（周蔚，2001：71-72）。

（四）語言步向死亡因素

按《語言的死亡》一書指出，語言步向死亡因素為：❶族群人身安全受威脅，即使用語言者因天災、疾病、戰爭而大量減少；❷文化同化因素，即一民族受另一民族優勢文化影響，致成員開始使用優勢文化之行為與禮法，而喪失原固有文化，常見於澳洲、北美洲殖民地；此語言同化過程可分為三大階段，如要減緩語言衰弱或流失，應在第二階段著力（周蔚，2001：155-169）。

就上開語言同化三階段以觀，客語介於第二階段與第三階段之間，在客家庄屬雙語併行，在非客家庄則偏向成為家用方言，客語之傳承已有迫切的危機。

語言活力與瀕絕度判定標準（數位典藏國家型科技計畫）

面向		內涵
評估語言活力和瀕絕狀態	要素1：語言的世代傳承	語言由上一代傳到下一代。世代與世代間有的傳承越多，語言也越強健。
	要素2：語言使用者的確切人數	人口少的族群比人口大的族群，更容易因為疾病、戰爭、天然災害、或因融入其他較大族群而消亡。一個社群認同的一致性越強，語言也越強健。
	要素3：語言使用者占總人口的比率	在一個團體中，某語言使用者的數量與總人口之比，是判定語言活力很重要的指標。越多人使用該種語言，語言也越強健。
	要素4：現存語言應用範圍的喪失	語言在何處被使用？用在跟誰對話？用在多少主題上？一種語言越被一貫而持續地運用，就越強健，這代表著此語言被應用在社群的各生活層面。
	要素5：對新領域和媒體的回應	當社群的生活環境改變時，語言也跟著改變嗎？當語言越被積極運用於新的領域時，語言也越強健。新的領域包括了學校、新型工作環境，以及廣播和網際網路等新媒體。
	要素6：語言教育和學習讀寫的材料	教育過程中，是否藉由這種語言的口語、書寫和其他的媒介型式來引領學習嗎？現存語言材料的多樣性越大，在教育中被運用的機會越大，語言也越強健。
語言態度和政策	要素7：政府和機構對待語言的態度和政策（包括官方地位及使用）	政府和機構對於優勢和非主流語言，有明確的政策和（或）非公開的態度。當官方對待社群語言的態度和政策越正面，語言也越強健。
	要素8：社群成員本身對自己的語言的態度	某一語言社群的成員可能會認定自己的語言，對本身的社群和認同很重要，因而推廣這個語言。當他們的態度越正面，對自己的語言越感到驕傲時，此語言也越強健。當成員越重視認同本身的傳統時，這個社群的語言也越有可能被保留和推廣。
典藏的急迫性	要素9：典藏的數量和質量	有充足的完整記錄、轉寫、翻譯和分析過的材料嗎？有越多的歷史和當代語料，語言也越強健。這些語料包括了完整的文法和字典、大量的文本、不間斷的語料流通，以及加註過的豐富高品質聲音及影像記錄。

語言同化三階段（周蔚）

第一階段：學習支配語言或強勢語言

↓

第二階段：雙語併行（新語言日趨興盛）

↓

第三階段：舊語言成為家用方言（family dialect）

UNIT 4-5
客家語言活力與瀕絕度

（一）客語傾向「瀕絕」一方

以《99年至100年全國客家人口基礎資料調查研究》以觀，並以「客家民眾家庭語言使用習慣」、「客家民眾在不同場合使用客語情形」二個面向分析：

❶客家民眾家庭語言使用習慣

有95.3%的客家民眾在家庭使用國語（普通話、北京話）交談、58.1%使用閩南語交談、51.6%使用客語交談。國語、閩南語及客語是客家民眾在家庭最主要的使用語言，幾乎所有客家家庭都會使用國語，閩南語的使用比例較客語為高，客語則是客家家庭第三種較常使用的語言。

❷客家民眾在不同場合使用客語情形

從客家民眾在不同場合使用客語的情形發現，以與親戚長輩相聚說客語（幾乎全講及大多數講客語）的比例最高（51.7%），其次是與自己的父母親交談（50.5%）及與自己的兄弟姊妹（44.2%）；在工作場合會講客語的比例則僅有14.7%。（行政院客家委員會，2011：148），顯見客家族群在公眾場合，較不會使用客語。

基於廣義定義的客家民眾，客語之世代傳承不佳、客語使用者的確切人數及占總人口比例低、客語應用範圍小、客語材料及典藏量偏低，再加上客語在城鄉位置上，多偏於鄉村聚落；致客語在語言「活力」與「瀕絕」之天秤兩端上，無疑地係向「瀕絕」一方傾斜。

❸可行之改善之道，一為政府的語言政策，另一為客家族群成員本身對自己的語言態度。

（二）客家族群為語言弱勢族群

所謂「沒有語言的民族，就是沒有心靈的民族」，語言流失之所以悲哀，正因為語言無法互換，正因為語言是一民族有歷史以來，以思想、溝通不斷提煉而成的結晶（周蔚，2001：98、101）。在族群之分類上，外省人之母語（北京話）係屬目前官方語言，外省族群長期以來都享有國家機器之保護與社會資源之分配保障；閩南語（台語）亦屬強勢語言，閩南族群人數又是三大族群中最多的，在臺灣民主化與政黨輪替後，已逐漸控制國家機器。只有母語使用客家話之客家族群，因為社會經濟上，不似原住民般之絕對弱勢，而政治代表性又不夠強大，乃常是國家政策較易忽略的一個族群。

弱勢語言在語言權利之制度性保障上不如強勢語言，且無法在公共領域中被使用，造成弱勢語言使用者（族群）必須轉而學習強勢語言，致弱勢語言的活力逐漸降低而瀕危（Allard、Landry，1992：180）。

另客家委員會主任委員黃玉振於立法院內政委員會審議《客家基本法草案》答復立法委員鍾紹和時表示：「客家在教育、經濟、社會各方面都不能算弱勢，但是在語言、文化方面，現階段還算是弱勢」（立法院，2010b：332）。

臺灣客語之腔調

傳統腔調	約略有四縣腔客語、海陸腔客語、大埔腔客語、詔安腔客語、饒平腔客語、永定腔客語等
客語認證考試	海陸、饒平、詔安、四縣
《客家基本法》第2條	指臺灣通行之四縣、海陸、大埔、饒平、詔安等客家腔調
	獨立保存於各地區之習慣用語或因加入現代語彙而呈現之各種客家腔調

大眾運輸工具播音語言（《大眾運輸工具播音語言平等保障法》）

族群平等與多元文化	為維護國內各族群地位之實質對等，促進多元文化之發展，便利各族群使用大眾運輸工具
播音語言	大眾運輸工具除國語外，另應以閩南語、客家語播音
	其他原住民語言之播音，由主管機關視當地原住民族族群背景及地方特性酌予增加
	馬祖地區應加播閩北（福州）語
	從事國際交通運輸之大眾運輸工具，其播音服務至少應使用一種本國族群慣用之語言

歸化國籍與基本語言

《國籍法》第3條		外國人或無國籍人申請歸化我國國籍者須具備我國基本語言能力
《歸化取得我國國籍者基本語言能力及國民權利義務基本常識認定標準》	第6條規範	參加歸化測試者得就華語、閩南語、客語或原住民語擇一口試
	第6條條文說明	查美國、加拿大、澳洲、韓國及巴西等國家，係要求應試者以該國官方語言或文字回答或寫下應試者所詢問有關公民權利義務等相關問題，作為應試者是否具備語言能力及公民權利義務知識之認定標準
		考量上揭作法確實能了解申請歸化者之語言及國民權利義務基本常識之能力，且作法明確統一、公平、公開，經予參考採行

UNIT *4-6*
驅動客語復甦：客語運用於公共領域

要讓客語能夠復甦，首先就是必須要讓客語從「私領域」進入「公領域」，這正也是「1228還我母語運動」之主訴求。

（一）客語為官方公事語言：兼採地域原則與身分原則

參酌張學謙觀點，在語言多元化政策基礎上，官方公事語言之實施，概有「地域原則」（territory principle）與「身分原則」（personality principle）兩大原則。「地域原則」係指國家將依其語言人口（族群）分布情形，在地理區域上劃定語區，並以該地區族群所使用之語言作為官方語言。「身分原則」係容許個人依其自主權決定使用任一官方語言向政府申辦案件，即賦予個人選擇使用官方語言之自由；考量政府提供語言服務之成本，多語言國家通常設定人口數量作為是否提供語言服務之門檻。在多語言族群國家中，瑞士、比利時係採地域原則，芬蘭則以地域原則為主、身分原則為輔；加拿大以身分原則為主、地域原則為輔。簡言之，地域原則帶有「集體權」之色彩，身分原則帶有「個人權」之色彩。

❶客家文化重點發展區：地域原則

藉由選定具特殊客家特色之特定地區，凸顯客家語言、文化與其他族群文化之區別，於客家文化重點發展區之公教人員，加強其客語能力，《客家基本法》第6條第2項爰規定：「行政院客家委員會所列客家文化重點發展區應推動客語為公事語言，服務於該地區之公教人員，應加強客語能力；其取得客語認證資格者，並得予獎勵。」

❷客語無障礙環境：身分原則

為因應以客語洽公人士需求，政府機關（構）應提供必要之客語播音、諮詢、或通譯等服務，以落實客語無障礙環境，《客家基本法》第9條爰規定：「政府機關（構）應提供國民語言溝通必要之公共服務，落實客語無障礙環境。辦理前項工作著有績效者，應予獎勵。」

（二）客語運用於公共領域兼具有保障集體權與個人權

《客家基本法》第6條第2項、第9條規定實兼具有保障集體權與個人權之雙重意涵。就「客家文化重點發展區」部分，寓有保障客家族群集體權之意；至於「客語為公事語言」、「提供國民語言溝通必要之公共服務」除落實《公民權利和政治權利國際公約》第19條，及我國憲法第11條之表意權外，另有保障個人（客家人）接近使用政府資源與服務之意，不會因個人不會使用客語之語言隔閡，致無法使用政府資源與政府提供之服務。

復依聯合國教科文組織專家會議「語言活力與瀕絕度」指標要素，顯示我政府對待客家族群語言（客語）的態度和政策越趨正面，應可促使客語更趨強健。惟如能將客語公事語言及客語無障礙環境，擴及一般民眾日常生活所需之民營機構、企業、醫療院所、大眾運輸工具等（即客委會版本第11條），相信對客語之復振及傳承的助益性更高。

復振語言之方法（David Crystal，張永利）

涉及問題	語言之復甦涉及了語言態度、語言功能、語言環境、語言政策、語言教育、語言文字化等問題
復振方法	蒐集資料，以評估目前語言處境，並編纂語言教材
	借用媒體力量募足經費
	建立族群積極態度，讓語言使用者有自信、榮譽感
	凝聚族群力量，族群成員以傳承母語為己任
	視語言為文化的一部分
具體措施	提升族語自覺
	增加族語使用的誘因
	營造族語使用環境
	訂定合理且有效的語言政策
	改良語言教育
	頒布統一書寫文字

客語公共化之具體政策作為

客語運用於公共領域政策實施原則	公共化原則	公共場所多以客語為主要使用語言
	多元化原則	語言之復甦涉及了語言態度、語言功能、語言環境、語言政策、語言教育、語言文字化等問題
	普及化原則	客語普遍推行於機關、學校、社團、商家企業、鄰里社區
	生活化原則	民眾在日常生活中自然以客語溝通。目前具體的作法係以補助國內公私立機關（構）及團體方式來落實客語運用於公共領域
政府預算具體補助項目	口譯服務	
	臨櫃服務	
	播音	
	多媒體資訊服務	
	其他公事客語無障礙環境服務提供之相關製作、研習、訓練、臨時派遣人力、器材設施租用等必要經費	

表意自由之內涵

《公民權利和政治權利國際公約》第19條第2項規定	人人有自由發表意見的權利
	此項權利包括尋求、接受和傳遞各種消息和思想的自由，而不論國界，也不論口頭的、書寫的、印刷的、採取藝術形式的、或透過他所選擇的任何其他媒介

UNIT **4-7**
驅動客語復甦：客語傳承與發揚

（一）客語傳承

❶客語生活化

為期客語向下扎根，政府應訂定相關獎勵措施，增進學習客語之誘因，透過客語師資之培育，鼓勵各級學校及社區開設客語學習課程，使客語之傳承植基於日常生活，《客家基本法》第10條爰規定：「政府應提供獎勵措施，並結合各級學校、家庭與社區推動客語，發展客語生活化之學習環境。」

❷具體政策作為

為強化師生對客語之認同及提升使用客語之意願與能力，使客語在校園生活中廣受接納及使用，並使客語從邊陲回歸主流地位，客家委員會訂頒有《客家委員會推動客語生活學校補助作業要點》，其精神宗旨在於：

①營造生活化的客語學習環境，使學童自然學會客語；

②創造師生以客語互動的機會，提升學習興趣；

③建立聽、說客語的自信心，體認客家語言、文化之美；

④配合教育部推動九年一貫課程之教育精神，塑造學生人本、鄉土情懷及培養其民主素養。

同時，在客語教本的編寫上，應提升教材之可讀性、趣味性、現代性，使教師能藉由教學工具承載語言載體之延伸內涵，使客語更有效達成讀、寫及實用之目標（曾貴海，2005：30）。

（二）客語認證與薪傳

❶客語復育傳承

為使客語傳承及永續發展，政府以透過客語認證分級考試，來鼓勵大眾學習客語，並培育客語人才，《客家基本法》第8條爰規定：「政府應辦理客語認證與推廣，並建立客語資料庫，積極鼓勵客語復育傳承、研究發展及人才培育。」

❷具體政策作為

為加強客語之使用能力、鼓勵全民學習，提高客語之服務品質，並落實客家文化傳承之任務，客家委員會訂頒有《客家委員會推行客語能力認證作業要點》。

又為推展客語傳承計畫，就已具備客家語言、文學、歌謠及戲劇等專長之人員，給予專業憑據認定，賦予客語薪傳師之尊銜，作為投入傳習客家語言文化者之證明，客家委員會遂訂頒《客家委員會推動客語薪傳師資格認定作業要點》。

所謂「客語薪傳師」係指具有客家語言、文學、歌唱及戲劇之才能，並經依上開要點認定取得證書者，以傳承客家語言文化為使命者。其類別有「語言類」（語文教學及口說藝術等）、「文學類」（傳統、現代文學及劇本等）、「歌謠類」（傳統歌謠、現代歌曲及童謠等）、「戲劇類」（傳統戲曲及現代戲劇等）等四大類別。

❸以客語傳承促使客語從「瀕絕」移向「活力」

以依聯合國教科文組織專家會議「語言活力與瀕絕度」指標要素，《客家基本法》第8條，具有讓客語世代與世代間傳承增多，強健客語之功。加上透過同法第10條將客語之傳承植基於日常生活之規定，應有助於客語從「瀕絕」漸次移向「活力」。

《客家委員會推動客語生活學校補助作業要點》

具體之實施原則	生活化原則	以當地客語為校園生活主要使用語言，包括教師之間、學生之間、教師與學生之間，日常生活接觸溝通，均能自然地以客語交談溝通，並相互鼓勵
	公共化原則	學校正式公開場合，如朝會、月會、運動會及各種會議等公共生活，能以客語為主要使用語言
	教學化原則	除鄉土語言課程外，一般教學過程能配合軟、硬體設備，以趣味、活潑、遊戲的方式，交錯使用華話及客語，並嘗試以客語表達現代詞彙或術語，使客語進入知識體系
	多元化原則	應培養學生多元文化的寬廣心靈，校園生活和教學活動中能靈活設計安排，並將客語融入九年一貫課程之各學習領域教學中，使學生對客語文化有尊嚴和自信，也具備對異文化了解和尊重的能力；學生應有機會學習社區周邊或共同生活的不同族群語言文化
	社區參與原則	請學區家長及地方人士參與計畫之擬訂及執行，以活潑創意之方式，創造社區與校園之互動，並與傳播媒體溝通，發布有關理念及資訊
推動方式	自主化	各校依據所在社區特質，參酌學生、教師組成之特性，經由師、生、家長之討論，擬具推動計畫，並訂定自我評量的指標，以建立有效運作的推動機制
	彈性化	在非客家社區，可視條件特質，組成跨族群的師、生、家長客語學習夥伴群體，以生活化方式推動客語學習，並促使校園其他師生有興趣認識或學習客語

客語典藏 （江敏華）

《客家基本法》		建立客語資料庫及研究發展（第8條）
		政府應支持國內大學校院成立客家學術相關院、系、所及學位學程，鼓勵積極從事客家相關研究之規定，以提高客語典藏之數量和質量（第11條）
典藏內容	主要內容	詞彙、諺語、童謠、詩詞、歌詞、短文、民間故事、字詞典
	加強建立	臺灣各地客語次方言的語音及詞彙資料庫
		各式客語辭典資料庫
		流傳海外的傳教士客語文獻
		臺灣客語長篇語料庫
		臺灣客語的社會資訊系統

第 **5** 章
客家文化與文化產業

●●●●●●●●●●●●●●●●●●●●●●●●●●●● ● 章節體系架構 ▼

UNIT **5-1**
客家文化權：兼具個人權與集體權

按《世界文化多樣性宣言》指出，把文化視為某個社會或某個社會群體特有的精神與物質，智力與情感方面的不同特點之總和；除了文學和藝術外，文化還包括生活方式、共處的方式、價值觀體系、傳統和信仰。

文化權（cultural rights）係指在文化層面的人權。文化權利是人權的一個組成部分，它們是一致的、不可分割的和相互依存的；每個人都應當能夠用其選擇的語言，特別是用自己的母語來表達自己的思想，進行創作和傳播自己的作品；每個人都有權接受充分尊重其文化特性的優質教育和培訓；每個人都應當能夠參加其選擇的文化重大計畫生活和從事自己所特有的文化活動，但必須在尊重人權和基本自由的範圍內《世界文化多樣性宣言》第5條）。就人權發展與階段以觀，可以簡要的描述人權是從「排除國家之干預」到「要求國家之扶助」的演變歷程；從17、18世紀以爭取自由權為基礎所主張夜警國家式之小政府，到20世紀以重視社會權為基礎所主張福利國家式之萬能政府。伴隨經濟權與社會權之提升，文化權乃成為現代人權重要領域。

文化權，依《世界人權宣言》第22條規定，「每個人，作為社會的一員，有權享受社會保障，並有權享受他的個人尊嚴和人格的自由發展所必需的經濟、社會和文化方面各種權利的實現，這種實現是透過國家努力和國際合作並依照各國的組織和資源情況。」第27條規定，「人人有權自由參加社會的文化生活，享受藝術，並分享科學進步及其產生的福利；對由於他所創作的任何科學、文學或美術作品而產生的精神的和物質的利益，有享受保護的權利。」

嗣後再由《經濟、社會與文化權利國際公約》第15條將文化權定義為「人人有參加文化生活，享受科學進步及其應用所產生的利益，對其本人的任何科學、文學或藝術作品所產生的精神上和物質上的利益，享受被保護之權利。本公約締約各國承擔尊重進行科學研究和創造性活動所不可缺少的自由。」

基於上開人權條款，文化權之內涵包括：

❶人人有參與文化生活之權利。

❷人人有享受科學進步與其適用所帶來的利益之權利。

❸對自己所創作之科學、文學或藝術作品所產生之精神與物質利益，享受被保障之權利。

❹就科學研究與創造活動所不可或缺的自由。在此權利之保障內涵下可發現，文化權具有集體權利與個體權利之性質，亦即一個民族或群體之所以與其他族群有所區別，即是因不同文化在語言、生活、節日、習俗、信仰與觀念上的差異，故此族群能以該群體本身，作為文化權享有之主體；而個人由於是最基層之文化創造與活動參與之單位，故個人亦為文化權享有主體則相當顯然（徐揮彥，2008：679-680）。

基此，從文化權的觀點提供了客家族群保障機制建構之基礎，《客家基本法》第1條乃揭示「為落實憲法保障多元文化精神」之立法意旨。

文化權內涵之比較（王俐容）

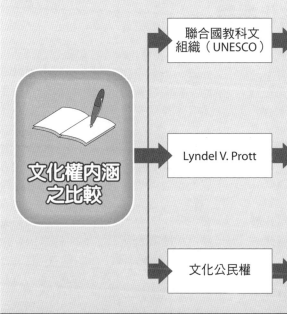

文化權內涵之比較

聯合國教科文組織（UNESCO）→ 文化認同的被尊重、被認可為一個文化社群的權利、參與文化生活、教育與訓練、資訊權、接近文化遺產權、保護研究、創意活動、智慧財產權與文化政策參與權

Lyndel V. Prott → 表意自由；教育權與受教權；參與社群的文化生活權；保護藝術、文學與科學作品權；文化發展權；文化認同權；少數族群對其認同、傳統、語言及文化遺產的尊重權；民族擁有其藝術、歷史與文化財產的權利；民族有抗拒外來文化加諸其上的權利；公平享受人類共同文化遺產的權利

文化公民權 → 文化認同權、文化生活參與權、文化發展權、文化再現權等；並關注文化生產、流通與消費的問題；檢視文化階級與品味的不平等

「參與文化生活之權利」實現之判準（徐揮彥）

《經濟、社會與文化權利國際公約》第15條	經濟、社會及文化權利委員會
	擬定之「關於認定在經濟、社會暨文化權利國際公約中權利之要件與內容指導方針」中，對於認定締約國在該公約第15條文化權中「參與文化生活之權利」是否被實現時
「參與文化生活之權利」是否被實現時	政府有無提供促進文化發展之基金
	基礎文化機構之設立
	促進文化認同
	對文化資產之認知與享有的促進
	大眾媒體之地位
	文化資產之保存與呈現
	藝術創造及表現自由之保障
	文藝教育
	文化保存、發展及傳播之措施

UNIT 5-2
臺灣客家文化概說

按美國文化學家客魯伯與克羅克洪提出的文化核心定義，可分為四部分；一是生活方式，二是思考模式，三是行為模式，四是隱藏在前三者的價值觀念，這四部分構成了所有文化的涵蓋面。以《文化資產保存法》第3條所稱文化資產，指具有歷史、文化、藝術、科學等價值，並經指定或登錄之下列資產：

❶ 古蹟、歷史建築、聚落

指人類為生活需要所營建之具有歷史、文化價值之建造物及附屬設施群。

❷ 遺址

指蘊藏過去人類生活所遺留具歷史文化意義之遺物、遺跡及其所定著之空間。

❸ 文化景觀

指神話、傳說、事蹟、歷史事件、社群生活或儀式行為所定著之空間及相關連之環境。

❹ 傳統藝術

指流傳於各族群與地方之傳統技藝與藝能，包括傳統工藝美術及表演藝術。

❺ 民俗及有關文物

指與國民生活有關之傳統並有特殊文化意義之風俗、信仰、節慶及相關文物。

❻ 古物

指各時代、各族群經人為加工具有文化意義之藝術作品、生活及儀禮器物及圖書文獻等。

❼ 自然地景

指具保育自然價值之自然區域、地形、植物及礦物。以《文化資產保存法》之規範架構，以例示方式說明臺灣客家文化，如右圖。

要對客家文化內涵加以界定，實屬不易，如大陸的吳永章（2007：273-282）從客家族群具有愛國愛鄉、勤儉好潔、崇儒重道、尚文習武、團結互助、奮發自強等客家性格與精神來描述客家傳統文化。另劉還月（1999：247）從客家文化特徵角度，認為客家人具有保守、頑固、勤勞、堅毅、友愛、互助、權威、愛面子等特性。至客家委員會基礎資料調查研究，客家民眾認知的客家文化分別為「客家飲食習慣」、「特有的禮俗」、「桐花意象」、「客家服飾」、「客家山歌民謠」、「傳統工藝」、「勤儉特性」、「客家語言」、「客家建築」等（行政院客家委員會，2011：144-145），其中比例最高者為「客家飲食習慣」，高達55%。

臺灣客家文化確實有其獨特性，是臺灣多元文化中不可或缺之部分；故如何保護臺灣客家族群特有之文化資產，以延續客家文化之傳承，並保存臺灣文化的多樣性，實為一個值得積極努力之重點方向。

😊 小博士解說

在客家委員會對一般客家民眾所認知的客家文化調查研究中，桐花意象高達16.6%，名列第3名，高於客家服飾，這說明了國家如何成功地建構一個新的文化認同。

臺灣客家文化內涵例示表

類型	例子
古蹟、歷史建築、聚落	新竹北埔金廣福公館
遺址	高雄原本燻菸的菸樓
文化景觀	客家義民祭
傳統藝術	採茶戲（鄭美妹、曾先枝），客家山歌（賴碧霞、徐木珍），紙傘（美濃廣興昌紙傘廠）
民俗及有關文物	「敬惜字紙」習俗，將有字的紙張收到專門燒字紙的「聖蹟亭」或「惜字亭」中焚燒
古物	「犁耙碌磚」、「紙傘簑衣」
自然地景	鷂婆山（客語老鷹之意）

一般客家民眾所認知的客家文化（客家委員會基礎資料調查研究）

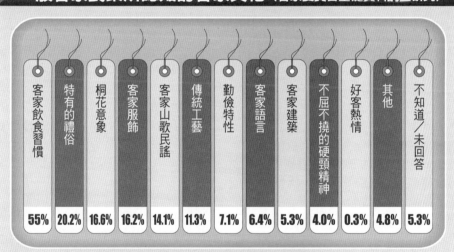

客家飲食習慣	特有的禮俗	桐花意象	客家服飾	客家山歌民謠	傳統工藝	勤儉特性	客家語言	客家建築	不屈不撓的硬頸精神	好客熱情	其他	不知道／未回答
55%	20.2%	16.6%	16.2%	14.1%	11.3%	7.1%	6.4%	5.3%	4.0%	0.3%	4.8%	5.3%

傳統客家女性「四頭四尾」之美德

灶頭鍋尾　　針頭線尾

四頭四尾

田頭地尾　　家頭教尾

UNIT **5-3**
臺灣客家文化簡述（一）

圖解客家政治與經濟

（一）客家戲曲

依王瓈玲觀點，客家戲曲依其形式不同分成兩類：一為屬「小戲」性質的「三腳採茶戲」；另一則為「大戲」性質的「客家大戲」。其中屬於小戲的採茶戲所以稱為「採茶戲」，主要是因其腔調為「採茶調」，從而得名。大體而說，客家戲的特色，主要在於在其獨特的唱腔與曲調。客家戲所唱的，是以流傳在客家地區客家人耳熟能詳的山歌與小調為主。客家山歌與小調是客家戲劇的基礎。從「山歌」到「採茶唱」（或稱「茶籃燈」），再發展到「三腳採茶戲」（二旦一丑），這三個階段就是臺灣三腳採茶戲的形成過程。

（二）客家音樂

依客家委員會網站的臺灣客家音樂網，客家山歌一直是客家音樂的代表圖騰，其實它不但是客家人對於生活經驗、生命情懷的一種表達藝術，更是客家族群凝聚族群意識的一種觸媒。客家音樂包含「客家八音」、「客家北管」、「山歌小調」等型態。其中客家八音的特色為音階的使用、調式的運用、曲式的運用、變奏的方式；而北管音樂的演出型態有子弟排場、出陣遊街、扮仙祭典；至山歌小調（客家山歌）可細分為「老山歌」、「山歌子」、「平板」、「小調」等。

（三）客家文學

依李喬、許素蘭、劉慧真編《客家文學精選集：小說卷》中指出，客家文學的界定，有寬嚴三個標準（或層次）：❶作品中含有「客家人意識」，客家人或客家社會的生活方式、行為模式、思考模式、價值觀等的作品；❷作者是客家籍人；❸用客家的生活語言寫作的作品。

李喬等並於《客家文學精選集：小說卷》中選出11人作品以為客家小說的代表，此11人起自「臺灣文學之父」的賴和，之後有呂赫若、龍瑛宗、吳濁流、鍾理和、林海音、鍾肇政、鄭煥、黃娟、鍾鐵民及李喬等人。

（四）客家飲食

依客家委員會網站，「鹹」、「香」、「肥」一直是傳統客家菜的特色，客家族群過去因遷徙及山居生活的艱辛，不得不自行生產或向大地尋找各種食物，並加以變化，或曬乾或醃漬儲存以備不時之需，因而研發出各種特殊食材、醬料及菜色，也創造了獨特的客家飲食文化特色。

依李喬觀點，客家傳統飲食特色為❶材料在地取材：因對外交通不便反而形成獨特的在地飲食特色，且不同的客家地區也有不同的飲食差異，但使用之食材多為可保存耐久之食材，例如酸菜、覆菜、筍乾；❷烹調樸素節儉：為節省烹飪時間與製作經費，客家食材與烹飪方式較簡單，沒有多餘的變化，非常樸素；❸香、油、鹹、熟、陳年食材：為客家菜的代表性特色，因食材簡單故多重香氣，為維持勞動能量故多油，為補充勞動時所需鹽分故多鹹，且食物烹調多為熟爛悶燒，並多運用陳年食材。

若從飲食社會文化觀點，族群成員採購、烹飪、食用其族群特色食物，外顯出其慣常習性，而可被視為一種傳播溝通系統，亦是族群認同之象徵標識（賴守誠，2010：147）。故臺灣客家文化與臺灣各地之客家飲食息息相關。

客家戲曲之類型（鄭榮興）

類別	大戲	又稱採茶戲、採茶大戲、客家大戲、客家改良戲、改良戲等
	小戲	又稱客家三腳採茶戲、三腳戲、採茶戲、打採茶等

客家音樂類型（謝俊達）

	山歌	老山歌
		山歌仔
客家民歌	平板：採茶腔之變體	採茶
		老時採茶
		老採茶
		老採茶
	小調	如北部的《思戀歌》或南部的《大門聲》等
	童謠	兒童的唸謠
客家說唱音樂		
客家器樂	客家八音	
客家戲曲音樂		
客家祭儀音樂		

客家山歌未來展望（謝俊達）

	強化臺灣客家山歌與臺灣客家族群之連結性
客家山歌之未來	重視客家山歌之民間性
	保存山歌傳統特質與表
	推動山歌的現代化與精緻化

客家民間文學之類型（黃子堯）

12種類型

山歌詩	勸世文	兒歌
花燈詩	民間傳說、故事	笑料話（笑話）
念唱歌（念謠）	傳仔	戲棚頭
令仔（謎語）	諺詞、俗語	佛曲說唱

UNIT 5-4
臺灣客家文化簡述（二）

圖解客家政治與經濟

（五）客家民居（建築）

一般常聽到的較著名之客家民居如福建永定的土樓、汀州的九廳十八院之合院住宅、江西的圍屋、廣東的圍龍屋等。（閩粵贛客家民居群）

按高雄市政府客家事務委員會網站，而臺灣的客家民居，則多屬於三合院建築形態。三合院是傳統形式的房子，又稱「伙房」，由三排房子構成「ㄇ」字形，三面屋宇環繞，正前方有圍牆、大門，內有庭院，亦有建為兩重庭院或築有門樓的家庭。臺灣客家三合院式民居，大致可分為「一條龍式」、「單伸手式」、「雙伸手式」等類型。賴志彰指出臺灣客家民居之基調為：❶正身堂屋與左右兩翼的橫屋作成直角正交式的「包」，如后包、厝包、內包；❷左右兩側排排座的從列性橫屋式的「從」，如從厝、橫屋群、護龍群；❸周側形成環圍的聚攏式的「圍」，如圍房、圍屋、圍攏屋。

另是否可明顯區分臺灣客家民居與閩南民居？早期係以少裝飾與多使用自然材料之樸素感，及白牆灰瓦之外觀，作為客家民居特徵；但此種對客家民居之界說，近年來已被廳堂神案下的土地龍神或「雙棟」式的屋脊棟木之特色所取代。惟事實上，客家民居與閩南民居，兩者之間是具有共通性的。黃蘭翔便指出，客家建築與閩南建築的區別，如同永定土樓與華安的閩南人合院建築同型，甚至可以說明其間並不存在本質上的差異；特別是，臺灣客家民居或建築大量使用紅磚，更是大陸客家原鄉建築所無（黃蘭翔，2011）。

（六）客家民俗慶典活動

客家族群散居臺灣各地，在客家傳統基礎上，因地制宜的發展出不同之民俗慶典活動，以行政院客家委員會所推廣的「客庄12大節慶」，具有發揚客家傳統及活絡客庄產業之企圖及功能，可謂是客家民俗慶典活動具體代表。

客庄12大節慶係指：❶一月高雄美濃「迎聖蹟字紙祭」；❷二月苗栗炸龍、東勢新丁粄節；❸三月屏東六堆「祈福攻炮城文化祭」、新竹「天穿日」臺灣客家山歌比賽；❹四月客家桐花祭；❺五月頭份客家文化節；❻六月桃園三義雲火龍節、高雄市夜合客家文化藝術季；❼七月花蓮「歡喜鑼鼓滿客情鼓王爭霸戰」；❽八月新竹義民文化祭；❾九月桃園平鎮客家踩街嘉年華會；❿十月雲林詔安客家文化節、彰化三山國王客家文化節、新竹國際花鼓藝術節；⓫十一月南投國姓搶成功；⓬十二月客家傳統戲曲收冬戲。

惟客委會的「客庄12大節慶」是由客委會編列預算，每年由地方政府或民間團體提報計畫書，申請客委會補助經費（2012年最高補助新臺幣500萬元），致每年的客庄12大節慶都有所不同。如2011年1月是高雄美濃「迎聖蹟字紙祭」，而2012年1月則變動為「公館客家福菜節」；而部分的活動今年跟去年辦理月份亦可能會不同。

持平而論，民俗慶典活動不具固定性，這對客家文化的發揚與傳承是不利的；客委會應擇定具有文化價值及人文素養發展性之慶典活動，集中資源長期經營，否則今年給這個慶典活動500萬元，明年給那個慶典活動500萬元，僅具形式上之象徵意義，無助於客家文化復振與傳承。

小博士解說

化胎

客家祠堂或大家族屋後所堆砌的一座隆起的半圓形封土，稱為「化胎」，寓意靠山，以庇護後代子孫。

客家建築之特色

公共性	門樓	如新竹縣關西鎮的劉氏公廳的門樓
	洗衣場	如屏東縣萬巒鄉鹿寮村內的洗衣場
	公井	如高雄市美濃區永安路的公井
	敬字亭	如南部六堆地區
產業性	菸樓	如高雄市美濃區、花蓮縣吉安鄉
	茶工廠	如新竹縣峨眉鄉的富興老茶廠
宗教性	伯公廟	即臺灣民間信仰之土地公廟，存在各客家族群聚居處
	土地龍神	位於阿公婆龕正下方，祈求人丁興旺

宗教信仰之類型（羅烈師）

類型

制度化宗教 → 有系統化的教義與經典

制度化宗教 → 有組織結構化的教會與教堂

普化宗教 → 宗教信仰儀式、活動與民眾日常生活混合

普化宗教 → 又稱「擴散的宗教」

2012「客庄12大節慶」活動計畫書（客委會）

活動目的	為持續推廣及發展客家大型文化節慶活動，藉以文化地景、戲劇音樂、歲時節慶，及周邊景點等多元主題或有創意及具獨特議題性之在地生活文化與社會互動內涵，打造創意客庄經濟效益；擬透過與各縣（市）政府合作並結合民間活力，甄選12個月具客家文化歷史代表性的節慶活動，朝傳承深化、專業化、品質化等多元特色發展，以達到客家文化扎根，行銷在地文化創意產業特色，帶動客庄觀光之目的。	
補助對象	各直轄市及縣（市）政府、鄉（鎮、市、區）公所、立案民間團體單位等	
審查程序	初審	申請補助單位應依本案相關規定申請及檢附資料，未依規定申請者，視同資格不符，不予審查
		所交付之計畫書內容應無侵害他人智慧財產權及其他權利之情事
		彙整初審案件後，遴選小組針對相關文件資料召開初審會議，擇優先排序前20名入圍辦理複審
	複審	召開評審會議，就初審入圍單位提送之計畫內容、場地、活動特點與創意、經費、行政配合度等相關事項詳加審查
		通過初審之提案單位，應派員出席評審會議簡報，請準備活動解說10分鐘之光碟（內容應著重活動特點與創意、特色商品、觀光資源及周邊產業結合、以及如何增進歷年辦理之表演藝術可看性等）

福建土樓

福建土樓	2008年經聯合國教科文組織世界遺產大會引入世界遺產
	福建土樓包括閩南土樓及客家土樓，但以永定客家土樓較為著名
	以傳統生土建築工法申列世界遺產成功

UNIT 5-5
臺灣客家文化簡述（三）

圖解客家政治與經濟

（七）客家宗教（民間）信仰

按趙星光觀點，從文化人類學的角度出發，宗教可視為文化體系的一部分，甚可能是文化的核心部分，以賦予文化意義與動機；不同的地理區隔產生不同的文化質素，也孕育不同的宗教傳統；宗教與文化可以相互為表裡。大陸學者羅勇指出，客家傳統社會中的祖先崇拜具血緣關係之封閉性，對一個宗族內部糾紛具有調控力；而客家民間信仰具有跨宗族之開放性，對於許多宗族構成的村落或社區中具有穩定的力量（羅勇，2008：451）。

臺灣客家信仰具有混合不同宗教，混合宗教活動與生活習俗，混合宗教文化與非宗教文化，混合泛神泛靈及隨意隨俗的天地崇拜、自然物崇拜、祖先崇拜、鬼魂崇拜等特性（汪毅夫，2006：2）。具體來說，臺灣客家信仰較常見的有三宮大帝、五穀神農、觀音及義民爺，其中以三山國王、義民爺為客家信仰之代表（惟非客家族群亦有信仰此類神祇者），茲就淵源於大陸之三山國王信仰，及臺灣本土發展出來之義民爺信仰進一步說明。

❶三山國王信仰：原鄉情懷

三山國王之於客家族群，猶如開漳聖王之於漳州府人、清水祖師爺之於安溪縣人、保生大帝之於同安縣人、廣澤尊王之於南安縣人（黃子堯，2005：10-11）；所以臺灣過去人們有種印象：「有三山國王廟之地方，必定有客家人；沒有三山國王廟的地方，未必是沒有客家人。」「三山國王」原為廣東省潮、惠、梅三州之鄉土神，也是客家人移民的守護神。

伴隨客家人移居臺灣，「三山國王」的信仰也被客家人帶來臺灣，成為客家人主要的宗教信仰，也代表客家人溯本追源的「原鄉情懷」。

❷義民爺信仰：臺灣本土民間信仰

傳統臺灣社會中，官方會將協助平定地方叛亂有功的死難人士追封為「義民」，民間則稱為「義民爺」。

臺灣客家的義民信仰，可說是客家族群的信仰圖騰，也是客家族群建構自我認同時的重要載具（林秀昭，2009：31）。劉還月認為客家族群重視義民爺，係由於過去與福佬族群對抗的心態（治時閩欺粵、亂時粵侮閩）所致（劉還月，1999：235-236）。

任何民間信仰的產生，均與在地的人與事有著高度的連結。客家人移居到臺灣後，為求能在閩客族群關係與艱難的地理環境中求生存，乃逐漸發展出在地之本土民間信仰：「義民爺」。

雖然有部分的學者認為義民爺是陰神，是客家族群過於神格化義民爺。有關義民爺究竟是正神還是陰神之爭議，林本炫教授從廟宇的田野調查資料、相關廟宇管理人員、一般民眾的訪談、鄉鎮誌相關記載的分析，論證義民爺的神格具有「神」、「鬼」、「祖先」的三位一體（林本炫，2008）。但不論義民爺之神格屬性，伴隨著政府機關（客委會）的重視與預算補助，義民爺信仰已提升為宗教「文化」活動，各地紛紛辦理客家義民文化祭（季）；如臺北市政府所辦理之「臺北客家義民祭」。

😊 小博士解說

土地龍神

客家族群重視供奉土地龍神，通常奉祀在客家夥房中公廳的神龕或神桌下方。

新竹新埔枋寮褒忠亭義民廟歷代分香情形 （邱榮裕）

清代	乾隆	分香平鎮褒忠祠
	道光	分香蘆竹南崁褒忠亭
	同治	分香大湖義民廟
	光緒	分香頭份義民廟、三灣三元宮、埔里義民祠、大湖護安祠
日據時期	明治	埔里參贊堂、獅潭義民廟
	大正	關西義民廟、國姓褒雄宮、草屯中原褒忠堂、甲仙褒忠亭
	昭和	中寮褒忠義民宮、水里義民廟、國姓義民祠、鳳林褒忠義民亭、吉安義民堂
臺灣光復後		草屯新豐褒忠堂、國姓護國宮、嘉義褒忠義廟、高雄義民廟、福里竹田義民亭、旗山旗美褒忠亭、鳳林壽天宮、吉安忠義堂、玉里協天宮、吉安義聖堂、國姓碧雲宮、南庄永和宮、北埔慈天宮

民間信仰的基本要件 （邱榮裕）

基本要件

- 具有萬物有靈的特質
- 有祖靈、氏神信仰要素
- 有各種不同神靈信仰的產生
- 民間發展出很多同類小廟供奉
- 信仰內容受到佛、道及其他外來宗教的影響

臺北客家義民祭：「客家宗教信仰—客家文化—客家族群意識」

民間辦理	1988年間
	由「臺北市客家中原崇正會」等民間團體的發起下，藉著新埔褒忠亭義民廟兩百週年盛事理由開始的
官民合辦	2000 年
	由臺北市政府民政局主辦，並聯合臺北市各個客家社團共同辦理
官方辦理	2002 年
	臺北市客家事務委員會成立後，接手辦理迄今

UNIT 5-6
文化產業之意涵與發展

文化產業（culture industries）是透過創意，發揮產品的個性、地方的傳統性與特殊性，甚至是工匠或藝師的獨創性，強調的產品的生活性與精神價值內涵；早於1960年代末期，因文化、商業、社會彼此交互作用對社會與政治領域之高度影響，法國學者（如Edgar Morin與Bernard Miège）提出了「文化產業」之用語；迄1999年10月義大利佛羅倫斯會議上，世界銀行更提出文化是經濟發展重要元素（Hesmondhalgh，2002：15；Neuwirth，行政院文化建設委員會，1999：43）。聯合國教科文組織（UNESCO）主要將文化創意產業分為文化產品、文化服務與智慧財產權三類型（楊仁煌，2009：165）。

文化產業是一種以人的創意為核心，強調創意與人文精神的產業（洪泉湖，2007：176；黃甫曉濤，2007：22）。

文化產業以文化為基礎，重視文化產業的市場化、商業化，不但可繼承與發揚文化傳統，更可進一步帶來社會經濟與文化之繁榮興盛（萬無畏等，2008：7）；加上工業型社會過渡到服務型社會、科技與文化融合、經濟的全球化等因素，加速了文化產業的發展（祁述裕，2004：1）。

劉吉發等指出文化產業之演進三階段為：❶文化意義本身的創作與銷售；❷承載文化意義產品之複製與傳播；❸賦予生產活動和產品文化意涵（劉吉發等，2005：13、17）。事實上，國際社會對文化產業之傳承與發展是高度重視的，諸如《保護民間創作建議書》（1989）、《文化多樣性宣言》（2001）、《保護非物質文化遺產公約》（2003）等。

聯合國教科文組織對文化產業（Cultural Industries）之定義為：「結合創作、生產與商業之內容，同時這些內容在本質上具有無形資產與文化概念之特性，並獲得智慧財產權之保護，其形式可以是貨品或是服務。從內容來看，文化產業也可以視為創意產業；或在經濟領域中，稱之為未來性產業（Future Oriented Industries）；或在科技領域中，稱之為內容產業（Content Industries）」。

更具體的來說，結合「創意」、「文化」、「產業」概念之文化產業（文化創意產業）實具有下列特質：❶創意產業即是文化產業，而所謂未來性產業與內容產業，也就是文化創意產業；❷重視創意與文化資產，強調智慧財產權的應用與保護；❸不論在有形的文化產品，與無形的文化服務上，皆屬文化創意產業範疇；❹推動經濟發展與充分就業（薛保瑕，2002：46）。

另Colin修改自麥可波特（Michael Porter）之「產業價值鏈」理論架構，指出文化產業包含開始（beginning）、（production）、生產（circulation）、傳送機制（delivery mechanism）、觀眾與接收（audience and reception）等五階段或要素（于國華，2004：56）。

至於文化產業的類型，依分類而異其類型，參酌劉吉發、岳紅紀、陳懷平對文化產業分類，本書整理如右圖。客家文化產業在投入成本面向上宜以「成長型」優先，在消費者需求面向上「知識型」、「休閒型」、「娛樂型」三者兼而有之；在經營模式面向上亦可「生產型」、「中介型」、「服務型」三者兼而有之。

文化產業之類型 （劉吉發等）

指標	類型	意涵	案例
投入成本	短平快型	成本低、收益快、壽命短	曾風靡一時的葡式蛋塔
	雙高型	成本高、報酬高、回收期長	迪士尼樂園
	成長型	因社會進步帶動產業發展，並增加投入成本	觀光休閒農業
消費者需求	知識型	增廣見聞、增長知識	坪林茶業博物館
	休閒型	觀光旅遊性質之文化活動	客家桐花祭
	娛樂型	消除疲勞、愉悅生活之文化活動	馮翊綱、宋少卿「相聲瓦舍」
經營模式	生產型	專門從事生產和製作文化產品者	苗栗大湖草莓產農
	中介型	文化生產與服務之中介者	草莓酒類研發設計
	服務型	實際銷售文化產品者	草莓酒販售業者

《文化創意產業發展法》對文化創意產業之定義

所稱文化創意產業，指源自創意或文化積累，透過智慧財產之形成及運用，具有創造財富與就業機會之潛力，並促進全民美學素養，使國民生活環境提升之下列產業

❶視覺藝術產業
❷文化資產應用及展演設施產業
❸電影產業
❹出版產業
❺產品設計產業
❻設計品牌時尚產業
❼數位內容產業
❽流行音樂及文化內容產業
❾音樂及表演藝術產業
❿工藝產業
⓫廣播電視產業
⓬廣告產業
⓭視覺傳達設計產業
⓮建築設計產業
⓯創意生活產業
⓰其他經中央主管機關指定之產業

客家經濟

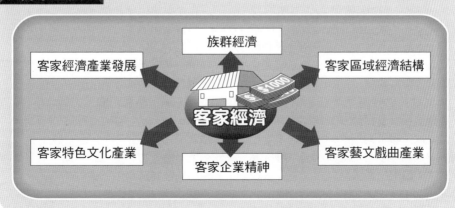

UNIT 5-7
文化產業群聚效應與客家文化產業

所謂產業群聚，是指在特定空間領域範圍內，相鄰近的廠商及機構維持某種型式之互動關係，相互影響與支援，於生產鏈上緊密分工達到生產效率，而形成外部性，中小型企業也能因此享受規模經濟之利益，並得以持續研發與創新（金家禾、徐欣玉，2006：3；金家禾、周志龍，2007：57）。

至於群聚效應（cluster effect）為何？群聚可產生兩種外部效應，一為群聚廠商可分享生產或管理知識，以增進企業之生產效率；另一降低消費者之搜尋成本，可吸引更多消費者至群聚地區消費，並提高群聚整體的市場需求（羅萱、鍾憲瑞，2010：25）。

而文化產業之產值範圍更大於一般產業，除核心之文化產業外，其經濟效益尚可擴及至支持產業、周邊產業、衍生產業等。也就是說，文化產業具有產業火車頭之地位，透過文化產業之成功發展，將可帶動其他產業之發展；而要讓文化產業發展，就要發揮文化產業之群聚效應。

「苗栗三義鄉木雕文化產業」是一個「產業群聚效應」之成功案例，木雕師傅與業者群聚，形成木雕街及木雕觀光市集，再加上政府於成立「木雕博物館」，及在地大企業（裕隆汽車）開始辦理「木雕金質獎」，這種結合政府與民間資源之發展策略，讓三義木雕文化產業發展相當成功。

文化產業對經濟活動之正面影響在於：❶消費者直接購買滿產品或服務之經濟收益；❷帶動餐飲業或運輸業等相關行業或個人收益之經濟收益；❸提高就業率；❹促使經濟基礎多元化（張維倫等，2003：158）如何積極發展文化產業以促進經濟收益？如何讓既有的產業添加文化的元素，讓傳統的文化導引至經濟的活動？這正是「文化產業化、產業文化化」發展方向所在。

所謂「文化產業化」係將文化視為一種產業，以研發、創新的手段提煉出文化之特殊性及吸引性，並透過包裝、行銷來散布，以獲取經濟收益；「產業文化化」係將日常的社會、經濟活動，灌入文化元素或結合文化意識，讓消費者購買、使用產品時，也體驗文化的歷史根源之懷舊情懷，及文化的衝擊之新奇性（劉煥雲等，2006：192）。

在政府政策上，為形塑客家文化產業之產品的歷史性、文化性、獨特性或唯一性，並鼓勵生產、銷售優質客家特色商品，塑造整體臺灣客家產業優質形象，並提供消費者購買優質臺灣客家特色商品之識別，以帶動地方客家產業振興，客委會訂有《客家委員會臺灣客家特色商品標章認證作業要點》。

另外，除中央政府外，地方政府亦積極主動推動文化產業之發展，如臺北市政府於2003年11月7日訂頒《臺北市文化產業發展委員會設置要點》，由市長兼任文化產業發展委員會之主任委員，2011年起以「松山文創園區」為臺北市文化產業之原創基地。

事實上，客家之人文、產業、歌謠、民藝、木雕、陶器、服飾、紙傘、美食等有其獨特性，為極具多元文化特色之微型產業，客家文化產業面臨困境，整體來說，略有：❶客家意象（Hakka image）不足；❷缺乏整體鮮明品牌；❸產業之文化論述不足；❹生產量能不足；❺人力資源老化等問題（客委會2013年至2016年中程施政計畫）。

文化產業的產值圖（萬無畏等）

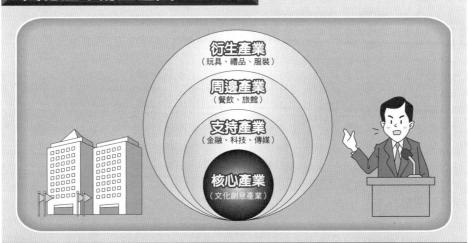

衍生產業
（玩具、禮品、服裝）

周邊產業
（餐飲、旅館）

支持產業
（金融、科技、傳媒）

核心產業
（文化創意產業）

《客家委員會臺灣客家特色商品標章認證作業要點》

認證範圍	指具運用臺灣在地素材製作，凸顯客庄在地傳統、呈現客家獨特生活風格，且具有臺灣客家歷史性、文化性、獨特性或唯一性等特質之一之各種有形產品	
認證類別	工藝品	雕刻類	飾品類
		陶瓷類	竹藤草編類
		玻璃類	其他工藝精品類
	生活用品	染織類	
		服飾包袋類	
		生活器具類（如餐具、茶具等）	
		文具類	
		其他生活用品類	
	特色食品		

客家企業家精神（劉阿榮）

客家企業家精神

意涵 → 從事企業活動的個人或群體所表現出富含積極性與創新性之精神

基本取向
→ 進取中帶保守
具積極進取性
亦帶有用人、籌資、技術創新之保守性

→ 誠樸中帶執著
受客家族群「硬頸」精神影響

→ 追求成功中帶擔憂失敗
積極追求成功，亦擔憂失敗之可能

UNIT 5-8
臺灣文化產業發展概況

為因應臺灣經濟結構轉變，1995年行政院文化建設委員會（現已改制為文化部）嘗試以「社區總體營造」策略為基礎，來處理各地方（鄉鎮）產業轉型之壓力與危機（林世哲、謝登旺，2007：214）。至2002年5月，行政院為促使臺灣產業升級轉型，提出《挑戰2008：國家發展重點計畫》，以「開拓創意領域，結合人文與經濟發展文化產業」為目標，復於2005年1月修正推動願景為「開拓創意領域，結合人文與經濟發展具國際水準之文化創意產業」；而該計畫所所稱文化產業係指源自創意或文化積累，透過智慧財產的形成與運用，具有創造財富與就業機會潛力，並促進整體生活環境提升的行業；並就人才培育、研究發展、資訊整合、財務資助、空間提供、產學合作介面、行銷推廣、租稅減免等不同面向提出整合機制，配合地方政府、專業人士、民間和企業之協作，共同推動（行政院經濟建設委員會）。

按行政院核定之「創意臺灣——文化創意產業發展方案」行動計畫及中長程計畫，若以量化數據來看臺灣的文化產業整體發展情形，2002 年臺灣文化產業營業額為4,353 億元，2007 年為6,329 億元，增加1,976 億元，2002 至2007 年年平均成長率為7.78%，較我國同期GDP 年平均成長率3.7%為高。在此基礎上，行政院復於2009年10月23日以院臺文字第0980051236號函核定「『創意臺灣—文化創意產業發展方案』行動計畫及中長程計畫」，本書整理如右圖。文化產業將是繼高科技資訊產業之後，推動臺灣經濟發展的主幹。惟鑑於推動文化產業之法規與發展機制尚未完備，

文化產業資源未能整合，政府投資預算有限，文化產業群聚效應尚未實現，國際市場尚待開拓等現況，致文化產業之發展迄未成熟。故針對文化產業之特性與發展需求，以低度管理、高度輔導為立法原則，規劃文化產業化全方位整合推動機制，行政院於2009年4月13日以院臺文字第0980013148號函送《文化創意產業發展法（草案）》予立法院審議，並經立法院審議通過，由總統於2010年2月3日公布。

《文化創意產業發展法》第3條所稱文化創意產業，指源自創意或文化積累，透過智慧財產之形成及運用，具有創造財富與就業機會之潛力，並促進全民美學素養，使國民生活環境提升之產業。

至《文化創意產業發展法》之推動文化創意產業之手段，包含：
❶政府應擬訂文化創意產業發展政策。
❷捐助設立財團法人文化創意產業發展研究院。
❸國家發展基金應提撥一定比例投資文化創意產業。
❹產官學合作研究及人才培訓。
❺相關「協助及獎補助機制」措施。
❻相關「租稅優惠」措施。

自此，政府除原行政措施（預算分配）外，更具備法制（《文化創意產業發展法》）機制，來積極發展第四波經濟之文化產業。

行政院文化創意產業發展方案

行政院核定之「創意臺灣─文化創意產業發展方案」行動計畫及中長程計畫			
緣起與目標	緣起	第四波經濟動力之發動（第三波為資訊產業經濟）	
	目標	推動臺灣成為亞太文創產業匯流中心	
策略	環境整備	多元資金挹注	市場流通與拓展
		產業研發及輔導	人才培育及媒合
	六大旗艦計畫	新聞局推動電視內容、電影及流行音樂產業計畫	
		經濟部推動數位內容與設計產業計畫	
		文建會推動工藝產業計畫	
期程與經費	期程	2009年至2013年	
	經費	5年總經費約262億元	

行政院「地方產業發展基金」

地方產業發展基金	屬預算法第4條所定有特定收入來源而供特殊用途者之特別收入基金（主管機關為經濟部）
	強調發展地方經濟為主要觀點
	在形塑「一鄉一品」的精神上，由地方政府扮演重要角色，主動參與規劃
具體目標	作為中央各部會執行地方產業計畫之協調平台
	運用專業團隊能力，協助地方政府規劃其地方產業發展，以解決地方政府人力不足之問題
	發展具國際化潛力之地方特色產業
	針對人口外移及所得偏低地區，提供適當協助，以增加就業機會及提高所得收入
	配合地方產業發展需要設置微型園區，協助傳統產業及中小企業解決用地問題
	支應青年創業「滅飛」計畫所需經費，活化政府資源，幫助青年創業
	協助具潛力客家特色產業發展，注入資金或提供優惠融資
	其他地方產業發展相關計畫或事項

《地方產業發展基金收支保管及運用辦法》

目的	屬預算法第4條所定有特定收入來源而供特殊用途者之特別收入基金（主管機關為經濟部）	
基金來源	由政府循預算程序之撥款	本基金之孳息收入
	受贈收入	其他有關收入
基金用途	補助地方政府發展地方特色產業之支出	管理及總務支出
	中央政府推動地方特色產業之支出	其他有關支出

UNIT 5-9
客家文化產業發展模式

（一）文化產業化模式

「琉璃工房」是一個「文化產業化」之成功案例（王素彎，2004：1）。1987年由楊惠姍、張毅成立於臺灣淡水的琉璃工房，以深具中國文化特色的琉璃，成功地打響了品牌，更創造了龐大經濟收益。

另外客家的義民信仰，既是客家族群的信仰圖騰，也是客家族群建構自我認同時的重要載具（林秀昭，2009：31）。以2011年臺北客家義民祭為例，除了祭拜義民爺外，尚有傳統陣頭獻藝演出、挑擔奉飯及踩街創意秀、客庄主題節慶等精彩展演，周邊活動還有集章學習單、美食攤位、神豬展示等多元內容。臺北客家義民祭，此種宗教性的客家文化產業，已成為臺北市重要的文化活動，在政府的包裝、行銷下散布，帶動相關支持產業、周邊產業、衍生產業。

（二）客家產業文化化模式

「苗栗大湖酒莊草莓文化園區」是一個「產業文化化」之成功案例（俞龍通，2008：225）。由大湖鄉農會透過興建大型草莓文化展館及經營草莓休閒酒莊，將傳統草莓產業賦予文化意涵，提升草莓農之附加價值；讓大湖草莓文化創意產業包含生產型、中介型及服務型之經營模式。按苗栗縣政府網站，2010年，大湖酒莊生產之「草莓淡酒」，參加比利時「布魯塞爾世界酒類評鑑」，在49個國家共6,964款參賽酒品激烈競爭下，脫穎而出，奪得銀質獎佳績。

（三）客家文化產業整合性模式

「客家桐花祭」是一個「文化產業化、產業文化化」之綜合性成功案例，油桐樹（桐油）曾是客家地區重要的經濟作物，在其經濟價值不復存在後，行政院客家委員會以「五月雪」的文化意象，開始積極推動「客家桐花祭」；後來更加入了「文學」、「音樂」的元素，辦理桐花音樂比賽及文學獎等；以2010年客家桐花祭收益調查，有高達684萬遊客人次，創造231億元之產值（行政院客家委員會，2010：28），若依遠見雜誌「建國百年」大調查，「客家桐花祭」榮登「最能代表臺灣精神和文化」第七名。也就是說，先以「產業文化化」方式，將傳統已沒落的油桐樹產業賦予文化意象，待其文化產業發展成熟後，再將已提升為文化性活動之客家桐花祭，連結其他支持產業、周邊產業、衍生產業，以創造更大的產值。

惟此類以「文化產業化、產業文化化」發展之客家文化產業，於發展成功後，仍須面對二個與客家發展攸關的核心問題：

❶如何有效且深刻地傳遞客家傳統價值給新一代客家族群。

❷如何滿足參與者對各文化產業的文化深處的歷史尋根之企求。以最成功的「客家桐花祭」來看，如何將油桐樹或桐花與客家傳統價值連結，以及如何透過桐花開啟客家族群的歷史尋根之旅，是在賞桐花、食用客家飲食外，更應該努力強化之故事論述。

客家桐花祭 （2012客家桐花祭主題網、歐辰雄）

油桐花	「桐」是挺直的大喬木、生長快速、木材輕軟，有長葉柄的掌狀或圓形的大葉片；油桐泛指千年桐與三年桐，經由調查千年桐數量較多約占總數95%以上		
	桐油是製作油漆的重要原料，美濃紙傘，就是用桐油來加強防水功能；油桐木材可以製作家具、木屐、牙籤、火柴棒等		
	桃竹苗地區及中部山區栽植最多，另包括臺北土城、深坑、石碇、桃園龍潭大溪、新竹芎林峨眉、苗栗南庄三義、臺中、彰化、南投及雲林等地		
桐花音樂	桐花歌曲創作		
桐花文學	客家桐花文學獎	新詩	
		散文	
		短篇小說	
		小品文	
		客語創作特別獎（客語漢字書寫者）	
桐花影音	桐花攝影徵選		
推動方式	中央籌劃、企業加盟、地方執行、社區營造		

客家文化產業發展主軸與策略

UNIT **5-10** 積極發展客家文化產業以厚植客家文化軟實力

近年來，有關國家實力之觀點，從早期重視國家「硬實力」（hard power），轉而強調國家「軟實力」（soft power），再到目前綜合硬實力與軟實力而為「巧實力」（smart power）之論述。Nye所稱的「軟實力」（soft power）是一種懷柔招安、近悅遠服的能力（吸引力），並非以武力或勢力強迫他人服從或以金錢收買來達成自身所欲；軟實力強調相關人等一旦受共通的價值、責任感所吸引，願為成就這些共通的政治理念、文化價值而努力，是一種「同化力」的展現（吳家恆、方祖芳，2006：20、36）。Nye更進一步指出，軟實力的主要來源有三：❶文化，有吸引人家的特色；❷政治價值觀，國內外行事原則一致；❸外交政策，師出有名之道德說服力（吳家恆、方祖芳，2006：41）。隨著軟實力概念普及，在國家軟實力外，也產生了政治軟實力、文化軟實力、區域軟實力、城市軟實力、企業軟實力等衍生概念（韓勃、江慶勇，2009：27）。

正如中華人民共和國的《中國文化軟實力研究報告（2010）》，指出一個國家的進步，本質上就是文化的進步；21世紀是文化的世紀，全球競爭已進入文化競爭的時代（張銘清，2011：165）。也因此文化不再僅是文化傳承的層次，而進一步提升為國家實力（軟實力）的層次；也因經濟的文化成分日漸提高及文化的經濟功能愈形強烈（沈壯海，2008：8），文化產業乃將文化與經濟加以結合；透過文化產業更進一步強化軟實力之力量。是以各國無不以政策機制來積極推動文化產業，以強化其軟實力。

如在臺灣屢屢創下高收視率韓國電視劇，就是國家對文化產業以政策扶持方式，讓國家具有強大軟實力的例子。

韓國政府在1988年確立「文化立國」政策方向，並將文化產業視為振興經濟之關鍵所在，開始以國家力量積極推動文化產業，重要的里程碑就是1999年2月所制定《文化產業振興基本法》（Framework Act on Cultural Industry Promotion）（卜彥芳，2008：14；王怡惠，2009：18），在這個基本法指導下，讓韓國的電影、電視劇、電子遊戲成為重要的文化產業。

不斷進步的文化是「文明」，文化軟實力來自於文化，但有文化不必然有軟實力，只有當文化朝向文明進步時，才會出現軟實力，並透過文化軟實力創造文明（唐代興，2008：35-36）；故如要提升臺灣客家文化之穿透力，便應積極建構「客家文化軟實力」，並藉由客家文化軟實力來推動「客家文藝復興」。

參酌Joseph S. Nye觀點，客家文化軟實力係在建構客家文化的吸引力和感染力，並藉此驅動「客家文藝復興」，發展客家文明。

而「客家文化軟實力」之建構，本書認為，短期推動客家運動，長期推動客家文藝復興；應以「客家知識體系」為本，建立哲學理論基礎；再以「客家文化產業」為手段，強化客家族群之文化力，提升客家文化的吸引力和感染力。當客家文化軟實力足夠時，便可增強動「客家文藝復興」，強化「客家文化」，開創「客家文明」，以達客家族群與文化發展巔峰之客家文明。

客家文化發展為客家文明

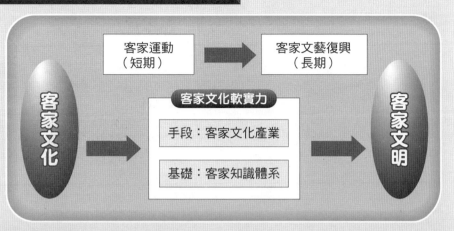

客家運動
（短期） ➡ 客家文藝復興
（長期）

客家文化軟實力

手段：客家文化產業

基礎：客家知識體系

客家文化 ➡ 客家文明

《客家委員會推動特色文化加值產業發展計畫補助作業要點》

目的	推動客家特色文化加值產業發展計畫，協助客家地區文化與產業相結合，發展具有客家特色之文化創意產業、綠色休閒產業及其他地方產業，並協助傳統產業之轉型與創新，以創造就業機會，帶動地方經濟發展，發揚客家文化	
補助類別	規劃設計類	客家特色之相關產業資源調查、分析、規劃與運用
		客家特色之相關產業輔導培力計畫、產業人才培育計畫及產業觀摩研習計畫等
		客家特色之相關產業開發、設計、包裝、行銷及通路等計畫
	硬體工程類	能帶動客家地區產業環境發展，並具公共性或文化保存價值之相關工程計畫，惟本類別以補助地方政府為限
	行銷推廣類	客家特色之相關產業資源調查、分析、規劃與運用

《客家委員會推展客家青年返鄉創業啓航補助作業要點》

作業要點

➡ **目的**
為落實客庄在地繁榮目標，協助客家青年返鄉於客家文化重點發展區創業，提供創業啟動資金，鼓勵運用在地資源興辦事業，以發展客家特色產業，並創造多元就業機會，有效建立客家特色產業永續發展環境

➡ **開辦事業地點**
須位於客家文化重點發展區

➡ **補助事業類別**
具客家文化或在地特色之農林漁牧業、批發及零售業、手工及製造業、休閒農業、服務業或文化創意產業

第 **6** 章

客家基本法與客家政策

●●●●●●●●●●●●●●●●●●●●●●●●●● 章節體系架構

UNIT **6-1**
《客家基本法》之制定背景

有關《客家基本法》形成背景，可就遠因的「臺灣客家運動的累積性成果」與近因的「原住民族基本法之影響」及「馬英九客家政策白皮書之實踐」等三個層次加以論述。

（一）臺灣客家運動的累積性成果

以臺灣客家運動之發展至今的重點成果可歸結為：❶客家意識的凝聚：《客家風雲雜誌》、「1228還我母語運動」、「新个客家人」的新思維；❷客家事務的公共化：臺灣客家公共事務協會（HAPA）之成立及行政院客家委員會之設置；❸客家語言的復振：客家廣播電台、客家電視頻道；❹客家知識體系的建構；❺客家研究之興起；❻客家公共政策之出現；❼《客家基本法》之制定。其中《客家基本法》以「基本法」形式，從制度面來保障客家族群之集體權，並為客家族群之長遠發展建構原則性、框架性之方向，無疑的是臺灣客家運動累積性成果的里程碑。

（二）原住民族基本法之影響

為保障原住民族基本權利，促進原住民族生存發展，建立共存共榮之族群關係，政府於2005年2月5日間公布《原住民族基本法》。而《原住民族基本法》之制定，帶給客家政治菁英相當大的衝擊，由客家菁英們所組成的「臺灣客家研究學會」，遂向客委會提出建言，希望能仿傚《原住民族基本法》，也能制定客家族群自己的《客家基本法》，俾利客家族群長遠發展（施正鋒，2011）。

客委會並於2006年5月間召開「建構台灣客家文化發展基礎」座談會，於會後成立「客家發展策略小組」，由徐正

光擔任召集人，參酌《原住民族基本法》，開始研議《客家基本法》，惟因當時政治生態與政治氛圍影響，並未有明確具體之成果。惟顯然《客家基本法》之制定，是受到《原住民族基本法》之影響。

事實上，就《原住民族基本法》與《客家基本法》之立法體例，及立法目的（皆為建立共存共榮之族群關係）；再加上立法過程中，學者專家及立法委員常將兩法相提並論或加以比較，足見《客家基本法》之制定是受到《原住民族基本法》的影響。

（三）馬英九客家政策白皮書之實踐

現任總統馬英九於渠2008年競選總統時，以「牽成客家，繁榮客庄」為主軸，提出「三個原則、三個重點、九項政策」之客家政策白皮書，其中「三個原則」中的第一個原則就是「行政措施有其侷限性，必須透過立法途徑，建立制度性規範，確保客家事務的合法性地位，以增強推動效果」，亦即推動《客家基本法》之立法，是為馬英九重要的競選政見。

在馬英九執政後，客委會主委黃玉振於2008年6月15日首次於立法院內政委員會進行業務報告時，表示渠未來施政重點，當以實現馬英九的客家政見為核心，自將盡快制定《客家基本法》，讓客家事務推行可以有法源依據（聯合報，2008.6.16）。

而後，馬英九2011年競選連任時，於2011年11月15日出席「2011全球客家懇親大會開幕典禮」提出「榮耀客家，藏富客庄」之第二任任期客家政策，並將制定《客家基本法》列為其第一任任期推動客家政策之重要成果。

馬英九客家政策白皮書與《客家基本法》

馬英九客家政策白皮書		客家基本法
以經濟效應的經營為優先，體恤客家庄生計困難的嚴峻情勢	第1條	繁榮客庄文化產業
設置客家文化重點發展區	第6條	客家人口達三分之一以上之鄉（鎮、市、區），應列為客家文化重點發展區
建立公事語言法制度	第6條	推動客語為公事語言
發展客家特色與文化產業	第1條、第6條	發揚客家文化產業
成立全國性客家電台	第12條	扶助規劃設立全國性之客家廣播及電視專屬頻道
建設臺灣成為全球客家文化與產業交流中心	第13條	建設臺灣成為全球客家文化交流與研究中心

馬英九2008年之客家政策白皮書

主軸	牽成客家，繁榮客庄	
	三個原則、三個重點、九項政策	
三個原則	行政措施有其侷限性，必須透過立法途徑，建立制度性規範，確保客家事務的合法性地位，以增強推動效果	
	一切以客家人總體利益為優先，所有的資源分配與運用皆超越黨派立場，純以客家福祉與發展為考量	
	客家事務不能滿足於儀式性、展演性短程效益的追求，而必須致力於基礎性、根本性長效工程的建設	
三個重點	以語言與文化的傳承為首要，懷著緊急搶救的心情，採取方方面面的有效途徑，促進客家文化的發揚與客語的傳承	
	以經濟效應的經營為優先，體恤客家庄生計困難的嚴峻情勢，政府應運用資金挹注、產業輔導、區域經濟扶助、觀光事業建設等有利措施提振客家特色與文化產業的發展	
	以跨越族群邊境與海外連結為志向，凡特色產品、文化創意產業及客家媒體均應力圖伸展至其他族群中，行銷到海外，並連結省際及大陸客家族群，以促進交流、擴大利基	
九項客家政策	客家事務預算四年倍增	設立客家特色產業發展基金
	設置客家文化重點發展區	縣市政府建立客家事務整合機制
	建立公事語言法制度	成立全國性客家電台
	建立客語薪傳師制度	建設臺灣成為全球客家文化與產業交流中心
	提升客家文化的創新價值	

UNIT **6-2**
《客家基本法草案》之擬議過程

（一）幕僚作業

2008年5月20日總統馬英九就職後，客委會也旋即進行《客家基本法》之草案擬議，並於2008年6月中旬已有初步版本，再經客委會內部法制作業程序，於2008年9月形成一正式對外版本以供10月間舉辦座談會之用。比較分析2008年6月與2008年9月版本，發現幾個變化：

❶立法精神「宏觀化」：立法精神從「促進臺灣多元文化平衡發展」到「建立共存共榮族群關係」，並將憲法增修條文國家肯定多元文化之意涵納入條文文字；❷客家人定義「多元化」：除客家血緣、淵源、客語要素外，並重視「高度認同客家」；2008年6月版本更將「參與客家事務而高度認同客家」者亦納入客家人範圍；❸客語定義之例示「簡單化」：2008年6月版本所指涉的客語為「國家語言之一」，包含四縣、海陸、大埔、饒平、紹安、六堆、四海、永定、長樂、豐順、武平、五華、揭西、揭陽等腔調；2008年9月版本，則僅保留四縣、海陸、大埔、饒平、紹安等腔調之例示。另「客語係國家語言之一」的文字，也被刪除；❹客家人口定義「寬鬆化」：2008年6月版本，尚未對客家人口加以定義，俟2008年9月版本，則定義「客家人口」為「係指在多重自我認定下統計之客家人口」，所謂多重自我認定標準，乃指可多重自我選擇為客家人、福佬人、原住民、大陸各省市人之情況下，自我認定為客家人，同時亦自我認定為福佬人或原住民或大陸各省市人；以較為寬鬆定義來界定客家人口；❺客家族群參政權保障「制度化」：2008年6月版本，未有客家族群參政權保障之設計，俟2008年9月版本，則在「中央政府機關（構）」及「國會」賦予客家族群充分代表權，以制度面保障客家族群之參政權；❻客家事務辦理人員「專業化」：2008年9月版本，為促使辦理客家事務之公務員具備客家事務相關專業知能，遂增列「政府應於國家考試增訂客家類科，以因應客家服務需求」之規定。

（二）座談會

為廣徵博議，客委會分別在2008年10月間舉辦北、中、南、東4場座談會，共85位學者專家及社會賢達與會表示意見（北區17人、東區26人、南區27人、中區15人）。約略統計4場座談會各項議題發言情況，與會者關心的前三項主要議題為「客家母語傳承」、「客家人定義」、「客家專責機關」等三項，分析與會者發言意見，可獲致之主要爭點：

❶多數人仍認為影響客家族群發展的關鍵核心問題在母語復振與傳承。

❷對《客家基本法草案》之客家人的廣義定義有所疑義，並嘗試明確化客家人定義。如與會者曾提出「堂號、戶籍、族譜、世系」等指標，甚有建議在戶籍登記上登記客家人之可行性或辦理全國客家人口普查。

❸對客家族群參政代表權意見不一，有採否定意見者，認為客家族群參政保障涉及客家人定義，實務運作易生爭議與困難；有採肯定意見者，認為除中央機關外，地方行政機關及地方議會，亦應有合理比例之代表。

（三）專題研討會

客委會依《行政院所屬各機關主管法案報院審查應注意事項》規定，於2008年12月12日邀集法律專業人士舉辦專題研討會。

《客家基本法草案》擬議時程

2008年10月	客委會舉辦北（臺北縣）、中（苗栗縣）、南（高雄市）、東（花蓮縣）四場座談會
2008年12月	客委會邀集法律專業人士舉辦專題研討會
2009年1月6日	客委會邀集內政部等中央相關部會召開協商會議
2009年3月10日	召開性別平等專案小組會議，進行性別影響評估等程序後，報經行政院院會討論通過，送請立法院審議

立法委員管碧玲、邱議瑩、侯彩鳳、柯建銘等4人為提案人，經其他22位立法委員連署另擬具立法委員版本之《客家基本法草案》

行政院《客家基本法草案》總說明

說明	為落實憲法肯定多元文化之意旨，並基於臺灣多元族群文化之社會特質、保障客家族群基本權益與實現平等權，以及客家文化為臺灣本土文化之重要一環，政府應積極建立客家政策機制，逐步落實相關措施，具體調整體制與重建價值，進而重建客家文化及其尊嚴，以實踐一個多元族群和諧共榮之社會。然而，臺灣客家族群長期以來卻未受到應有之重視，而面臨著身分認同斷失、文化活力萎縮及客家公共領域式微之危機，連帶使得作為族群特色之語言及傳統日益流失。為豐富臺灣多元文化，客家文化之傳承及發揚實刻不容緩。
	政府在2011年6月14日成立行政院客家委員會，專責推動全國客家事務及相關行政。數年來積極復甦客家語言、振興客家文化、發展客家產業，雖已獲致相當成果，並奠定扎實基礎，但由於行政措施仍有其侷限，缺乏法源依據，致使無法普遍而深入地推展各項工作，為期建立制度性規範、確保客家事務法制化，以增強推動之力度與效果，確立客家事務未來基本方向，藉此建構客家事務施政總目標，爰擬具「客家基本法」草案，計14條。
要點	本法之立法目的及用詞定義。（草案第1條及第2條）
	行政院協調整合客家事務之機制與全國客家會議之召集。（草案第3條及第4條）
	客家政策制定及區域發展規劃之原則。（草案第5條）
	客家文化重點發展區之設置。（草案第6條）
	國家考試增訂客家事務相關類科。（草案第7條）
	客語認證、推廣措施及客語無障礙環境之建構。（草案第8條至第10條）
	客家學術研究之推展。（草案第11條）
	客家族群傳播及媒體近用權之保障。（草案第12條）
	臺灣成為全球客家文化交流與研究中心之推動。（草案第13條）

UNIT 6-3
行政部門兩階段版本之比較

行政部門研擬《客家基本法草案》過程，可分為二階段的版本，第一階段的版本，即是客委會提供專題研討會的版本；第二階段的版本，則是經行政院審查通過的版本。

（一）第一階段（客委會）版本之「涵蓋範圍較強」

❶客委會版草案之參政權及公共行政面向，未納入行政院版草案

如第一階段客委會版本中的「政府應落實尊重多元族群之意旨，客家族群在中央政府機關（構）及國會，應有合理比例之代表」，並未納入第二階段行政院版本內規範。

本書以為，以《地方制度法》第33條原已建構原住民、婦女等二種弱勢群體（身分性）之保障，復於2010年修正《地方制度法》時再納入離島鄉（地區性）之保障；本於擴大弱勢群體保障之政治參與及政治代表性的趨勢，實可再推動將客家族群之參政權保障納入法制規範。

❷客委會版草案之「客家文化產業發展基金」，未納入行政院版草案

客家文化產業有助於客家族群之族群意識凝聚，及文化、語言傳承。惟「地方產業發展基金」對客家族群之「專屬性」不足。

❸客委會版草案之「公事語言」範圍大於行政院版草案

第一階段客委會版本第11條「政府應於機關、學校、公民營機構、醫療院所、法院監所及大眾運輸工具等公共領域，提供客語播音及翻譯服務，並應推動客語為公事語言」與第二階段行政院版本第9條「政府機關（構）應提供國民語言溝通必要之公共服務」相比較；客委會版草案將民營機構、醫療院所、

大眾運輸工具等納入公事語言範圍，較符合民眾日常生活之必需性。

（二）第一階段（客委會）版本之「規範強度較大」

❶客委會版草案以「基本人權」保障出發，行政院版草案以「集體權」保障出發

第一階段客委會版本第1條立法目的中的「基本人權」文字，在第二階段行政院版本被刪除，減低了客家族群之個人權益保障性，讓最後通過的《客家基本法》偏重於客家族群的集體性。

❷客委會版草案之「政府義務性」高於行政院版草案

第一階段客委會版本中揭示了許多政府應作為事項，且於法律中明訂相關辦法由行政院定之（第3條、第8條、第11條、第13條）；但第二階段行政院版本，這些法律授權（法律要求）行政院訂定之命令，全遭刪除；目前則由客委會以訂定行政規則方式處理。

惟基於「授權命令之法效性高於行政規則」、「行政院層級訂定之行政命令具有統合行政院各部會效果」，顯然第一階段客委會版本較佳。

❸公教人員客語能力從「列為考評」轉變為「獎勵」

第一階段客委會版本規範「客家文化重點發展區公教人員之客語能力認證，應列為其考評之一」，第二階段行政院版規範「客家文化重點發展區公教人員，應加強客語能力，其取得客語認證資格者，並得予以獎勵」，兩相比較，透過考評應較能驅使公務員取得客語認證資格。第一階段客委會版本有助於民眾以公事語言洽公之「接近政府服務」之權利的落實。

行政部門《客家基本法草案》二階段版本比較

客委會版本（第一階段）	行政院版本（第二階段）
第二條　本法用詞，定義如下： 一、客家人：指具有客家血緣或客家淵源者、熟悉客語、深受客家文化薰陶，或自我認同為客家人者。 二、客家族群：指客家人所組成之群體。 三、客語：指臺灣通行之四縣、海陸、大埔、饒平、詔安等客家腔調，及獨立保存於各地區之習慣用語或因加入現代語彙而呈現之各種客家腔調。 四、客家人口：指本條第一項定義下，以政府人口普查為依據所統計之客家人口。 五、客家事務：指以增進客家族群於公共領域之文化權、語言權、傳播權、歷史詮釋權、參政權、經濟權及公共行政等面向之族群平等性、族群文化發展及認同等與客家族群有關之公共事務。	第二條　本法用詞，定義如下： 一、客家人：指具有客家血緣、客家淵源者，或熟悉客語、客家文化，且自我認同為客家人者。 二、客家族群：指客家人所組成之群體。 三、客語：指臺灣通行之四縣、海陸、大埔、饒平、詔安等客家腔調，及獨立保存於各地區之習慣用語或因加入現代語彙而呈現之各種客家腔調。 四、客家人口：指行政院客家委員會就客家人所為之人口調查統計結果。 五、客家事務：指與客家族群有關之公共事務。
第四條 政府應落實尊重多元族群之意旨，客家族群在中央政府機關（構）及國會，應有合理比例之代表。	
第七條 客家人口達百分之十以上之直轄市、縣（市）政府之客家事務專責單位，應成立跨部門整合會報；行政院應定期召開相關部會首長會議，協調整合客家事務，其實施令以命令定之。 客家人口達百分之十以上之直轄市、縣（市）政府應設置客家事務一級單位，其餘縣（市）政府應視實際需要，設客家事務專責單位，辦理客家事務。	
第十三條 政府應保存、維護與創新客家文化，並設立「客家文化產業發展基金」，積極培育專業人才，輔導客家文化產業之發展。 前項基金之設置、管理及運用辦法由行政院定之。	
第十七條 政府應訂定「全國客家日」，以彰顯客家族群對臺灣多元文化之貢獻。	

註：完整條文對照表，請參見附錄一。

UNIT **6-4**
行政院版草案與立法委員版草案之比較

圖解客家政治與經濟

當行政院於2009年10月函送《客家基本法草案》予立法院審議,立法委員管碧玲、邱議瑩、侯彩鳳、柯建銘等4人為提案人,經其他22位立法委員連署所擬具立法委員版本之《客家基本法草案》。

（一）立法委員版草案大幅參照客委會之草案版本

立法委員版草案的第5條、第6條、第7條、第9條、第10條、第15條實係參酌客委會所研擬《客家基本法草案》版本。為何身為最高民意機關的立法院立法委員會偏好行政部門第一階段客委會版本,是不是第一階段客委會版草案適當性與民意支持度比較高?如果是的話,那主政者為何放棄涵蓋範圍較大、規範強度較強的第一階段客委會版本,而推出涵蓋範圍較小、規範強度較弱的第二階段行政院版本?

本書以為,其理由應為立法策略的考量:「以順利完成立法程序為核心目標」。意即,為降低立法阻力,採取爭取集體權策略,以免除其他族群之憂慮。

（二）客家人界定之爭議性

比較行政院版本與立法委員版本對客家人定義,行政院版本之界定較為寬鬆（也是三個草案版本中最廣義的版本）。惟立法委員認為行政院版本對客家人之界定過於寬鬆,提出較嚴格之立法委員版。在行政院版對客家人定義趨向於寬鬆,立法委員版對客家人定義趨向於嚴謹,經內政委員會審查時之折衝協調,第2條修正為「客家人指具有客家血緣或客家淵源,且自我認同為客家人者」。

（三）全國客家日的象徵意義

行政部門的《客家基本法（草案）》第一階段客委會版本原有政府應訂定「全國客家日」規定,後第二階段行政院版本拿掉「全國客家日」規定;事實上,客委會2008年6月的《客家基本法草案》原無「全國客家日」之規定,後於2008年7月至9月召開數次的學者專家諮詢會議後,於2008年9月的《客家基本法草案》,始納入「全國客家日」之規定。

惟立法委員版又將「全國客家日」納入規範,最後通過的《客家基本法》,則將「全國客家日」納入規範。

透過「全國客家日」之訂定,讓政府重視客家族群之代表日,並以政府資源舉辦各種慶祝活動,讓非客家族群注意到客家族群,讓客家族群更有向心力,故「全國客家日」極具象徵意義。

惟全國「全國客家日」之選取,則有所爭議。依客委會說法,該會於2010年1至8月分兩階段,進行「全國客家日」調查,並經綜合評析訂出具有客家文化獨特性,內蘊崇敬天地、尊重自然作息環保意義,同時兼具國際發展性,且無族群排他性的農曆正月二十「天穿日」為「全國客家日」。

惟臺灣南部六堆因無正月二十日蒸年糕象徵「女媧補天」的習俗,所以六堆地區並不贊同以此日做為「全國客家日」,如臺灣客社副社長馮清春表示,他活了一輩子從沒聽過「天穿日」,並以〈誰的客家日〉為題撰文發表在《六堆風雲雜誌》;又地方文史學者曾彩金、客家音樂製作人傅民雄也不表贊同（中央社,2011.2.18）;另黃森松亦在《今日美濃》撰文批判。

客家基本法草案行政院與立法委員版本比較表

行政院版本	立法委員版本（管碧玲等）
第二條　本法用詞，定義如下： 一、客家人：指具有客家血緣、客家淵源者，或熟悉客語、客家文化，且自我認同為客家人者。 二、客家族群：指客家人所組成之群體。 三、客語：指臺灣通行之四縣、海陸、大埔、饒平、詔安等客家腔調，及獨立保存於各地區之習慣用語或因加入現代語彙而呈現之各種客家腔調。 四、客家人口：指行政院客家委員會就客家人所為之人口調查統計結果。 五、客家事務：指與客家族群有關之公共事務。	第二條　本法用詞，定義如下： 一、客家人：指具有客家血緣，並熟悉客語，且自我認同為客家人者。 二、客家族群：指客家人所組成之群體。 三、客語：指臺灣通行之四縣、海陸、大埔、饒平、詔安等客家腔調，及獨立保存於各地區之習慣用語或因加入現代語彙而呈現之各種客家腔調。 四、客家人口：指行政院客家委員會就客家人所為之人口調查統計結果。 五、客家事務：指與客家族群有關之公共事務。
第三條 行政院為協調整合本法相關事務，必要時得召開跨部會首長會議。	第三條 行政院為審議、協調本法相關事務，必要時得召開跨部會首長會議。 前項跨部會首長會議，由行政院副院長召集之。
	第六條 客家人口達百分之十以上之直轄市、縣（市）政府應設置客家事務專責單位，其餘縣（市）政府應視實際需要，設客家事務專責單位或置專人，辦理客家事務。 客家人口達百分之十以上之直轄市、縣（市）政府之客家事務專責單位，應成立跨部門整合會報。
第八條 政府應辦理客語認證與推廣，並建立客語資料庫，積極鼓勵客語復育傳承、研究發展及人才培育。	第九條 政府應建立客語研究中心，辦理客語認證與推廣，並設立國家客語資料庫，積極鼓勵客語復育傳承、研究發展及人才培育。 客語研究中心之組織另以命令定之。
第九條 政府機關（構）應提供國民語言溝通必要之公共服務，落實客語無障礙環境。 辦理前項工作著有績效者，應予獎勵。	第十條 政府應推動公事語言制度，於機關（構）、學校、公民營機構、醫療院所、法院監所及大眾運輸工具等公共領域，提供客語播音及翻譯服務，落實客語無障礙環境。 為落實公事語言制度，前項機關（構）、醫療院所或相關人員得依實施成效予以獎勵，其獎勵辦法另定之。
	第十五條 政府應訂定「全國客家日」，以彰顯客家族群對臺灣多元文化之貢獻。

註：完整條文對照表，請參見附錄二。

UNIT 6-5
《客家基本法》十大重點（一）

所謂「基本法」，就規範層次，可分憲法層級與法律層級，就規範目的，係指針對特定領域之原則性、基本性規範。憲法層級之基本法自具有憲法之最高性。至法律層級之基本法，在於正式宣示過去未受重視的價值理念，或揭櫫未來相關立法目標及其規劃，或統合不同機關部門之權責，或積極創設現行法律中尚無之新措施（謝在全、黃玉振等，2009：50）。我國目前法律名稱以「基本法」加以規範者，概有《科學技術基本法》、《教育基本法》、《通訊傳播基本法》、《環境基本法》、《原住民族基本法》、《客家基本法》等；另部分法律雖無基本法之名稱，卻有基本法之實質規範效果，如《地方制度法》。

基於法律層級之基本法則為該領域根本大法（可謂具準憲法功能），並具有確立政策方向、政策目標、架構該領域法體系規範之功能。《客家基本法》作為客家族群事務之原則性、基本性規範，其對客家族群之長遠發展自有關鍵地位。

（一）明確化客家事務相關概念及名詞之定義

客家族群歷史可說就是一部為逃避戰禍及尋求更好生活的遷徙史，因為客家族群的遷徙，使得客家語言產生了許多的分支，在官方開始積極復振客語時，關於客語之實質意涵，實有必要明確化。又政府預算的分配，須有客觀的人口數為基礎，則何謂客家人？客家族群人口數是多少？皆有必要予以明確化。《客家基本法》制定施行後，以立法解釋方式將「客家人」、「客家族群」、「客語」、「客家人口」、「客家事務」等概念或名詞之定義予以明確化，有助於未來相關法制及行政措施之建置與推動。

（二）客語之復振與傳承

若依聯合國教科文組織專家會議2003年之「語言活力與瀕絕度」（Language Vitality and Endangerment）判定標準，並以客委會《99年至100年全國客家人口基礎資料調查研究》中之「客家民眾家庭語言使用習慣」、「客家民眾在不同場合使用客語情形」二個面向來看，客語實傾向「瀕絕」一方。

《客家基本法》透過「客語生活化」、「客語認證與薪傳」、「客語典藏（資料庫）」等機制設計，以復振與傳承客語，未來再強化相關配套措施，促使客語從天秤上之「瀕絕」走向「活力」一方。

（三）客語之公共化：公事語言之推動

要讓客語能夠復甦，重要關鍵便是讓客語從「私領域」進入「公領域」。在語言多元化政策基礎上，官方公事語言之實施，概有「地域原則」與「身分原則」兩大原則。

《客家基本法》兼採地域原則與身分原則，設置「客家文化重點發展區」，透過地域原則，推動客語為公事語言；另以身分原則，要求政府機關（構）應提供必要之客語播音、諮詢、或通譯等服務，以落實客語無障礙環境。而事實上，此項「接近使用政府資源與公共服務」之設計，實為《公民權利和政治權利國際公約》第19條及我國憲法第11條之表意權的具體體現。

客家民眾家庭語言使用情形 （客家委員會調查推估）

	態樣	比例
客家民眾家庭語言使用習慣	使用國語（普通話、北京話）交談	95.3%
	使用閩南語交談	58.1%
	使用客語交談	51.6%
	國語、閩南語及客語是客家民眾在家庭最主要的使用語言，幾乎所有客家家庭都會使用國語，閩南語的使用比例較客語為高，客語則是客家家庭第三種較常使用的語言	
客家民眾在不同場合使用客語情形	與親戚長輩相聚說客語（幾乎全講及大多數講客語）	51.7%
	與自己的父母親交談	50.5%
	與自己的兄弟姊妹	44.2%
	在工作場合	14.7%

客家委員會推動客家語言之主要「行政規則」

客語推廣之行政規則

- 客家委員會推行客語能力認證作業要點
- 客家委員會推動客語生活學校督導評核要點
- 客家委員會設置客語能力認證暨推廣中心補助作業要點
- 客家委員會推動客語薪傳師傳習補助作業要點
- 客家委員會推動客語薪傳師資格認定作業要點
- 客家委員會推動客語薪傳師傳習督導評核要點
- 客家委員會獎勵國民中小學學校參加客語能力認證績優作業要點
- 客家委員會獎勵績優客語薪傳師作業要點
- 客家委員會推行公事客語無障礙環境督導評核要點
- 客家委員會推行公事客語無障礙環境補助作業要點
- 客家委員會獎勵客語績優高中職以上學生獎學金作業要點
- 客家委員會推動客語生活學校補助作業要點
- 客家委員會獎勵客語績優國民中小學學生獎學金作業要點

UNIT **6-6**
《客家基本法》十大重點（二）

（四）客家文化重點發展區

《客家基本法》最具特色與發展潛力的，無疑地可說是「客家文化重點發展區」，甚有部分客家人期待客家文化重點發展區可朝向「客家族群自治區」發展。

（五）文化產業

《客家基本法》以「客家文化重點發展區」為火車頭帶動客家文化產業之發展，藉以繁榮客庄經濟，既有助於提高客家文化之能見度及發展性，亦有助於客家青年根留客庄。

（六）客家知識體系

客委會網站指出，長期以來，客家族群雖為台灣社會主要族群之一，惟在語言上及文化上居於劣勢，在人文學術之研究發展上亦未受到應有之重視，以致研究客家之學術社群散落，客家研究被整編分散至不同的學科、學門，成為其他知識體系的邊陲，研究之主體性不僅不受重視，獲分配的資源也極為有限；同時，由於研究成果未經整合，致無法形成完整有系統的知識體系，肇致客家族群的影響力及政策之參與力與其族群占全國總人口比例不相稱。故《客家基本法》乃要求政府應積極發展及厚植客家知識體系。

（七）客家族群傳播與媒體近用權之保障

就政治學的「政治社會化理論（political socialization）」與大眾傳播的「皮下注射理論（hypodermic-needle theory）」，大眾傳播在訊息之傳遞上具有強大的功能。藉由《客家基本法》媒體近用權規定，一方面有助於提高客家族群使用其母語之習慣，俾利客語之傳承；另一方面，可讓非客家族群接近客語，並瞭解客家文化。

（八）客家公務專業化：國家考試增訂客家事務相關類科

在客家相關保障與發展機制逐步建置後，客家事務日益繁雜，從中央到地方都已有客家專屬行政機關之設置，有必要提升辦理客家事務公務人員之專業性與永業性，以提升公務服務品質。

同時，亦可藉由增設客家事務相關類科之考試科目，讓不瞭解客家文化之考生，透過考試而學習及認識客家歷史及文化。《客家基本法》乃規範「政府應於國家考試增訂客家事務相關類科，以因應客家公務之需求」。

（九）全球客家文化交流與研究中心

客家人為延續族群命脈及追求生活目標，於世界各處落地生根，在全球化潮流下，為與世界接軌，透過建設臺灣成為全球客家文化交流與研究中心，可將客家文化行銷全世界，與世界接軌，提升臺灣能見度，亦能繁榮客庄。

（十）客家政治參與及全國客家日

客家族群可藉由《客家基本法》中的「全國客家會議之召開」、「政府政策制定及區域發展規劃應考量客家族群權益與發展」以參與政府客家政策之決策過程，對未來客家族群之政治參與應有正面之助益。

惟就全國客家日之規範機制本身（不論客家日為何日），實具有「彰顯客家族群之存在與貢獻」、「凝聚客家族群意識與向心力」、「體現臺灣的文化多樣性與包容性」之功能與象徵意義。

客家委員會推動客家事務之主要「法規命令」

依據	法規命令之名稱
《規費法》第10條	《客語能力認證考試規費收費標準》
	《六堆客家文化園區場地設施使用收費標準》
《獎章條例》第9條	《客家委員會專業獎章頒給辦法》
《政府資訊公開法》第22條	《客家委員會及所屬機關提供政府資訊收費標準》

客家委員會及所屬年度預算統計表（2008年至2012年）

年度	預算數	增減數	增減率
2008	1,641,171		
2009	2,196,092	554,921	+33.81%
2010	2,703,672	507,580	+23.11%
2011	3,295,324	591,652	+21.88%
2012	3,285,324	10,000	-0.3%

單位：新台幣千元

馬英九2012年客家政策白皮書

主軸	榮耀客家，藏富客庄
客家政見	將成立客家發展基金會，以靈活的機制和豐沛的資源推動客家事務
	客語認證年齡降至4歲，並建立「客語百句」認證，鼓勵客語的普及化
	振興客家文化特色產業，協助布建全球商品通路
	扶助客家文創活動，將客家節慶提升為國際觀光層級
	輔導客家青年創業，成為客家文創與特色產業的發展尖兵
	培植客家領導人才，推動客家青年領袖教育課程
	厚植客家社群力量，形成多元參與風潮
	打造台灣成為世界「客家新都」，吸引海外客家人參訪旅遊

UNIT *6-7*
臺灣客家政策三時期

圖解客家政治與經濟

（一）公共政策為「權威政府的行動」

對於公共政策（Public Policy）之界說，各家說法不一，本書以為可概觀分為二大類論點：❶政策理念的實踐論，此類論點認為公共政策在實踐某特定之政策理念或價值；採此類論點學者如拉斯威爾（H.D.Lasswell）、卡普蘭（A. Kaplan）、費德烈克（Carl Friedrick）、蘭尼（Austin Ranney）等；❷權威政府的行動論，此類論點說法認為公共政策是政府本其權威性所為之行動過程；採此類論點學者如伊士頓（David Easton）、戴伊（T. Dye）、瓊斯（C. O. Jones）等。

公共政策無法脫離政治，本於David Easton對「政治」之界說為價值的權威性分配（authoritative allocation of value）的觀點，多可為學者們所接受，基於政治運作與公共政策無法與政府權威性脫離，本書乃採「權威政府的行動論」以探討客家政策。

（二）臺灣客家問題

公共政策是政府為解決特定社會問題所做的努力，從公共政策之階段論觀點，沒有社會問題或政策問題就不會有後續的政策規劃、政策合法化。依林水波與張世賢觀點，政策問題之組成要素略有：❶一種情況；❷它是察覺的、體認的；❸關係到大多數人並為其察覺到的一種情況；❹衝突的利益、價值和規範；❺需要、受剝奪、不滿足感的產生；❻團體的活動過程；❼權威當局有必要採取行動加以解決者。

臺灣因為先有「客家問題」有待解決，後來始有「臺灣客家運動」之產生，而客家政策就是要用來解決臺灣客家問題之公共政策。它是政府所研制與執行之極重要國家政策之一。臺灣的客家政策，是在臺灣客家族群體認到其族群之語言、文化危機，並以社會運動（臺灣客家運動）的方式，讓政府、各政黨與社會各界認知到臺灣客家族群之需求與問題；而政府為解決客家族群之問題，乃逐漸形成客家政策。

（三）臺灣客家政策演進之三時期

依時間序，本書認為臺灣客家政策演進可分為三個時期：
❶第一時期為2000年之前，此時期為2000年臺灣首次政黨輪替，民主進步黨開始執政之前，屬於國民黨執政時期。
❷第二時期為2000年至2008年，此時期為民進黨執政時期。
❸第三時期為2008年迄今，此時期為國民黨執政時期。

因為在第一時期的時候，臺灣客家問題雖已出現，但當時政府並無具體政策解決方案，屬「無具體客家政策時期」。至2000年臺灣的總統副總統大選，各陣營總統副總統候選人相繼提出「客家政策白皮書」，才開始有具體的有關客家政策之政見（基本主張）。惟因本書採「權威政府行動論」探討公共政策，各陣營候選人提出之政策主張，須俟執政後，再經政府部門審慎評估後施行，始得成為公共政策，故第二時期與第三時期臺灣客家政策之比較，乃以勝選之總統（陳水扁、馬英九）於其競選時所提出之「客家政策白皮書」作為比較主軸如右表。

民進黨與國民黨臺灣客家政策比較

判準		民進黨（陳水扁）	國民黨（馬英九）	
			2008年	2012年
主軸		客家看見客家，臺灣看見客家	牽成客家，繁榮客庄	榮耀客家，藏富客庄
語言權	保障	制定《語言平等法》	主張以「公事語言」取代《語言平等法》；實際上主導通過《客家基本法》	客語認證年齡降至4歲，並建立「客語百句」認證，鼓勵客語的普及化
	傳承	客家幼稚園	客語家庭及客語薪傳師	
		設置客語頻道（電視、廣播）	主張成立全國性客家電臺，但尚未實現	
文化權	保障	客家文化園區	設置客家文化重點發展區	無
	傳承與創新	客家禮俗技藝研習班／每年舉辦全國性的客家文化節	提升客家文化的創新價值（經濟與觀光）	
客家文化創意產業		提倡客家文化創意產業	設立客家特色產業發展基金	振興客家文化特色產業，協助布建全球商品通路
				扶助客家文創活動，將客家節慶提升為國際觀光層級
				輔導客家青年創業，成為客家文創與特色產業的發展尖兵
客家研究（客家知識體系／客家學）		主張成立義民大學／客家社區學院；實際上在十餘所公私立大學陸續設立客家學院、客家系所、客家研究中心等	政見中無此類主張	厚植客家社群力量，形成多元參與風潮
組織法制人力		設置行政院客家委員會，並在地方政府開始設立客家專責機構	客家事務法制化	將成立客家發展基金會，以靈活的機制和豐沛的資源推動客家事
			客家事務預算四年倍增	
			縣市政府建立客家事務整合機制	培植客家領導人才，推動客家青年
國際客家交流		連結世界各國臺灣客家僑民／大力推動全球客家文化會議/舉辦客家國際學術研討會／赴海外展演客家文化等	主張建設臺灣成為全球客家文化與產業交流中心／興建客家主題公園	打造台灣成為世界「客家新都」，吸引海外客家人參訪旅遊

UNIT **6-8**
《客家基本法》實施後之客家政策

在《客家基本法》公布實施後，政府的客家政策重點為何？如參照總統府網站，當前客家政策重點為：

❶傳承客家語言與文化，促使客語成為重要公共語言。

❷發展具客家特色產業，盡速繁榮客庄經濟。

❸跨越族群及地理隔閡與海外建立連結，打造臺灣成為全球客家文化與產業交流中心。

本於公共政策之「權威政府的行動論」觀點，欲探討當前客家政策，自應以最高行政機關之行政院之施政計畫為主軸。而行政院為提升所屬各部、會、處、局、署、院、省政府及省諮議會施政績效管理，訂頒有《行政院所屬各機關施政績效管理要點》，依該要點第2點，「中程施政計畫」係指各機關依其職掌，納入總統治國理念及院長施政主軸，擇定施政重點及關鍵策略目標，訂定未來四年之綜合策略計畫。故若欲探討更具體之政府目前客家政策，自當以客家委員會之「中程施政計畫」為主軸。

據此，客家委員會2013至2016年之施政目標與重點為：

（一）施政目標

復甦客家語言，傳揚客家藝文，厚植客家知識體系，創造客家文化產業價值，強化客家傳播，形塑優質客庄，打造臺灣成為世界「客家新都」及客家文化交流與研究中心。

（二）施政重點

❶未來環境情勢分析

①客家語言面臨消失；②提升藝術文化品質、扶植客家創作人才；③營造客家文化生活環境及建設「客家文化重點發展區」之急迫性；④客家研究亟待定位；⑤南北客家文化園區設置暨營運計畫；⑥提升客庄產業經濟新價值之急迫性；⑦客家傳播媒體面對客家電視缺乏明確的法源依據及數位匯流趨勢之挑戰；⑧增進海外客家交流連結之必要性。

❷未來4年施政重點

①營造客語學習生活化，落實客語向下扎根；②提升客家文化創新，振興客家新活力；③升客家多元創新動能，創造客家文化產業價值；④提升客家傳播質量，塑造客家新印象；⑤促進海外客家合作交流，推動客家文化全球連結。

❸關鍵策略目標

所謂「關鍵策略目標」係指各機關依願景及施政重點，訂定未來四年應達成之重要施政成果。依據平衡計分卡精神之「業務成果」、「行政效率」、「財務管理」及「組織學習」等四大面向，客委會中程施政計畫訂定「營造客語學習生活化，落實客語向下扎根」、「提升客家文化創新，振興客家新活力」、「提升客家多元創新動能，創造客家文化產業價值」、「提升客家傳播質量，塑造客家新印象」、「促進海外客家合作交流，推動客家文化全球連結」、「簡化行政流程，提升服務效能」、「加強財務審查，全面提升施政效能」、「提升專業知能，打造優質團隊」等8項關鍵策略目標。

當前政府客家政策（客家委員會2013至2016年中程施政計畫）

使命	復甦客家語言，傳揚客家藝文，厚植客家知識體系，創造客家文化產業價值，強化客家傳播，形塑優質客庄，打造臺灣成為世界「客家新都」及客家文化交流與研究中心	
願景	傳承客家語言文化，推廣客家特色產業，打造臺灣成為世界「客家新都」	
既有施政重點	建立客語發展機制，營造優質客語環境	
	傳承發揚客家文化藝術	
	創造客家文化復興環境	
	提升客家社會經濟力	
	促進客家傳播發展	
	強化海內外客家連結與合作	
未來環境情勢分析	客家語言面臨消失	客家民眾的客語使用能力隨著年齡層的降低而下滑
		通用之客家語言以四縣、海陸2種腔調較為普遍，另大埔、饒平及詔安腔則較為少數或分散
	提升藝術文化品質、扶植客家創作人才	經過數年的推動及努力，客家文化體質雖有提升，但在主流文化的擠壓下，仍然面臨強大的挑戰
		客庄人口持續流失、弱勢語言仍待傳續，客家文化面臨斷層危機
	營造客家文化生活環境及建設「客家文化重點發展區」之急迫性	
	客家研究亟待定位	
	南北客家文化園區設置暨營運計畫	
	提升客庄產業經濟新價值之急迫性	
	客家傳播媒體面臨之環境	客家電視目前係依法以委辦方式辦理，然客家電視在公廣集團中的組織、定位為何，並無任何規範，相關預算亦欠缺法定明文保障
		數位匯流趨勢，客家傳播方式與內容應發展新樣態
	增進海外客家交流連結之必要性	
未來4年施政重點	營造客語學習生活化，落實客語向下扎根	發展客語生活化之學習環境
		賡續辦理客語能力分級認證
		推動公事客語無障礙環境計畫
		健全客語薪傳師制度
	提升客家文化創新，振興客家新活力	扶植客家藝文團隊及鼓勵藝術創作
		擴大辦理「客庄十二大節慶」
		厚植客家知識體系
		推動客家青年教育及培訓
		辦理客庄文化資源普查
		辦理「數位臺灣客家庄」計畫，永久典藏客家瀕危之文化資產
		輔導推動客家文化生活環境營造計畫、客家聚落保存及客家文化館舍活化經營
		建設南北客家文化園區成為臺灣與全球客家文化交流與研究平台
	提升客家多元創新動能，創造客家文化產業價值	鼓勵各界參與，活絡客庄產業經濟
		客家特色產業精進輔導
		客庄區域產經整合發展
		客家青年創業輔導
		客家特色商品整合行銷
		客家美食國際推廣暨客家特色餐廳與產業鏈結發展
		客家服飾創意開發
		客庄產業及觀光旅遊行銷推廣
	提升客家傳播質量，塑造客家新印象	
	促進海外客家合作交流，推動客家文化全球連結	推展海內外客家事務、學術、藝文、教學、展演等交流合作活動
		鼓勵海外客家人回臺參訪交流

UNIT **6-9** 客家政策之建言：「鄉村型」與「都會型」雙軌制客家發展策略

（一）都會地區客家發展問題較嚴重於鄉村地區

客家委員會目前公告的客家文化重點發展區多為「鄉村型」市鎮，未來政府依法勢必將投入更多預算、資源於此類以「鄉村型」市鎮為基礎的客家文化重點發展區，這對傳統客庄發展是大有助益的。

惟相對地，客家文化重點發展區似將不利於「都會區」客家族群之發展。臺灣因都市化的發展，人口聚居多於大都會區，許多客家人已逐漸搬離傳統鄉村客庄，而進入大都會城市居住。這些進入大都會城市的客家族群是最容易發生「隱形化」及「族群認同改變化」的一群，是最需要確保其客家族群意識存續，是最需要傳承客語與客家文化傳承的一群，但這群人聚居地卻又未列入客家文化重點發展區，如大臺北都會區（即臺北市、新北市、基隆市）中無任何客家文化重點發展區。

甚至，部分都會區（直轄市）之次級行政區域（即「區」）的客家人口數超過其他客家鄉（鎮、市、區），但因客家人口推估無法占該區總人口的三分之一（如高雄市三民區），致無法引入中央政府資源以發展客家，誠屬可惜（地方政府雖能挹注資源，但不如預算倍增的中央客委會）。這也彰顯了一個根本性的問題：最需要搶救的都會區客家族群，可能卻是獲得最少資源配置的。亦即，客家文化重點發展區確有助於「鄉村型」市鎮之客家族群發展，但未解決都會區客家族群發展危機；且都會區家族群發展危機之危急性高於鄉村地區。

（二）鄉村型與都會型「雙軌制」客家發展策略

為解決此種客家族群發展之「城鄉困境」，政府有必要構思並採行鄉村型與都會型之「雙軌制」客家發展策略。

在發展的軸心上，「鄉村型」之鄉鎮市區，以「客家文化重點發展區」為主軸；「都會型」之市區，則可思考建構「都會客家主題發展區」之可能性。

（三）都會型客家發展策略：都會客家主題發展區

設立「都會客家主題發展區」，相信將會獲致「資源集中化」、「發展標的明確化」之效果；且具有彰顯都會區客家族群存在，讓客家族群「脫隱形化」以趨向「公共化」之象徵意義。

而如何設立「都會客家主題發展區」涉及《客家基本法》之修正，仍待更多的討論。本書初步認為因大臺北都會區中，族群聚居性色彩不明顯，不易以相對人口比例來界定「都會客家主題發展區」。建議可採「主題性」及「社區化」之發展模式，以文化性、宗教性、藝術性等之主題，結合在地社區，循由下而上之治理（governance）途徑，形塑「都會客家主題發展區」；至設立程序，應由地方政府提請客委會轉行政院核定；或授權由地方政府公告後送客委會轉行政院備查。

族群認同改變化

居住於都會區的第二代、第三代客家族群

↓

有些縱使依稀仍保有客家認同，卻可能已不會使用客語，
反而能使用流利的福佬語

有些甚至已轉變其族群認同，從上一代自認為
客家人到這一代改變自我認同為福佬人

↓

產生「客家人—福佬客—福佬人」之變化

鄉村型與都會型「雙軌制」客家發展策略

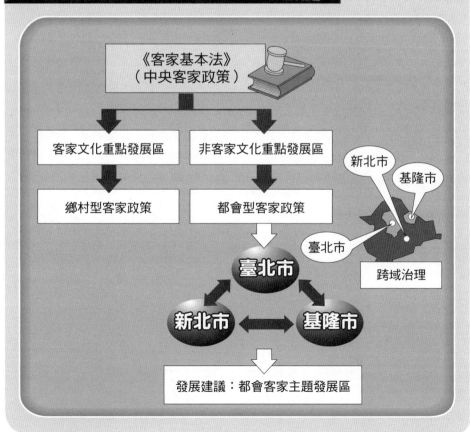

《客家基本法》
（中央客家政策）

客家文化重點發展區　　非客家文化重點發展區

鄉村型客家政策　　都會型客家政策

新北市　基隆市

臺北市

臺北市

新北市　基隆市

跨域治理

發展建議：都會客家主題發展區

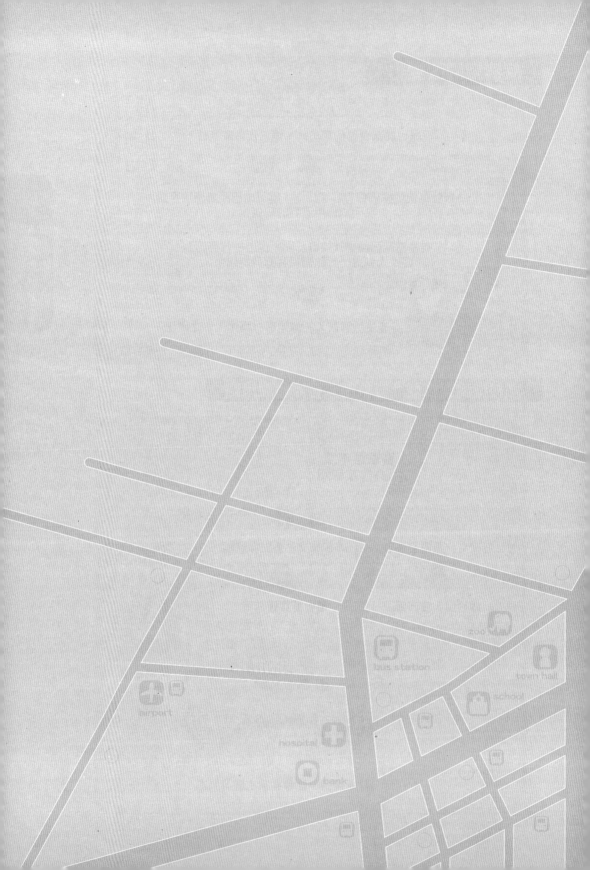

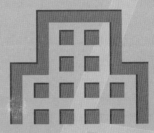

第 **7** 章
客家文化重點發展區

章節體系架構 ▼

UNIT **7-1**
客家文化重點發展區之範圍

(一) 公告

為藉由選定具特殊客家特色之特定地區，凸顯客家語言、文化與其他族群文化之區別，達成客家語言、文化及產業傳承創新之政策目標，《客家基本法》第6條第1項規定：「行政院客家委員會對於客家人口達三分之一以上之鄉（鎮、市、區），應列為客家文化重點發展區，加強客家語言、文化與文化產業之傳承及發揚。」

案經客家委員會依《客家文化重點發展區鄉（鎮、市、區）公告作業要點》公告之「客家文化重點發展區鄉（鎮、市、區）一覽表」如右表一。

事實上，客家委員會2011年2月25日公告之客家文化重點發展區鄉鎮市區是第二次公告（依據《99年至100年度全國客家人口基礎資料調查研究》），第一次公告係由客家委員會以2000年4月26日客會企字第0990004943號函所發布「客家文化重點發展區鄉（鎮、市、區）一覽表」，係以《97年度全國客家人口基礎資料調查研究》之多重自我認定為臺灣客家人定義所推估之客家人口數。

客家文化重點發展區之鄉（鎮、市、區），由客家委員會每三年定期公告，該次公告效力自公告時起至下一次公告時止。

(二) 行政措施

客家委員會為落實《客家基本法》第6條規定，加強客家文化重點發展區之語言、文化及文化產業傳承與發揚，透過中央政府資源挹注，加速客家語言、文化及產業之健全發展，爰依據行政院2012年6月11日院授主預政字第

1010101302號函示原則，訂定《客家文化重點發展區計畫提高補助比率暫行作業要點》。

《客家文化重點發展區計畫提高補助比率暫行作業要點》之主要計畫類別為：

❶客家文化生活環境營造計畫。
❷客家文化重點發展區先期資源調查暨整體規劃計畫。
❸客家文化設施活化經營補助計畫。
❹客家社區聚落空間保存及再利用計畫。
❺客家特色文化加值產業發展計畫（公共設施類）。

客家委員會每年依據客家文化重點發展區之鄉（鎮、市、區）公所財力情形、客家人口比例、計畫執行成效與能力及政策效益等面向，經本會綜合評核後據以調整該鄉（鎮、市、區）最高補助比率。經評核結果確有需求之鄉（鎮、市、區），本會得視年度預算編列情形，依據「中央對直轄市及縣（市）政府補助辦法」之附表一「中央對直轄市、縣（市）政府補助事項及最高補助比率」五級為基準，優先依各級次分別調高補助比率，如右表二。

客家文化重點發展區鄉鎮市區一覽表

縣（市）	鄉（鎮、市、區）	小計
桃園縣	中壢市、楊梅市、龍潭鄉、平鎮市、新屋鄉、觀音鄉、大園鄉	7
新竹縣	竹北市、竹東鎮、新埔鎮、關西鎮、湖口鄉、新豐鄉、芎林鄉、橫山鄉、北埔鄉、寶山鄉、峨眉鄉	11
新竹市	東區、香山區	2
苗栗縣	苗栗市、竹南鎮、頭份鎮、卓蘭鎮、大湖鄉、公館鄉、銅鑼鄉、南庄鄉、頭屋鄉、三義鄉、西湖鄉、造橋鄉、三灣鄉、獅潭鄉、泰安鄉、通霄鎮、苑裡鎮、後龍鎮	18
臺中市	東勢區、新社區、石岡區、和平區、豐原區	5
南投縣	國姓鄉、水里鄉	2
雲林縣	崙背鄉	1
高雄市	美濃區、六龜區、杉林區、甲仙區	4
屏東縣	長治鄉、麟洛鄉、高樹鄉、萬巒鄉、內埔鄉、竹田鄉、新埤鄉、佳冬鄉	8
花蓮縣	鳳林鎮、玉里鎮、吉安鄉、瑞穗鄉、富里鄉、壽豐鄉、花蓮市、光復鄉	8
臺東縣	關山鎮、鹿野鄉、池上鄉	3

註：客家委員會所公告之「客家文化重點發展區」，計有11個直轄市、縣（市），及69個鄉（鎮、市、區）；係分別於2010年4月26日、2011年2月25日兩次公告客家文化重點發展區，第二次公告所增加桃園縣大園鄉等9個鄉鎮區，以底線註記。

《客家文化重點發展區計畫提高補助比率暫行作業要點》之鄉（鎮、市、區）適用調整後之最高補助比率

級次	原補助比率	調整後補助比率	備註
第一級	-	-	不予補助
第二級	78	85	調高7%
第三級	84	89	調高5%
第四級	86	91	調高5%
第五級	90	95	調高5%

《中央對直轄市及縣（市）政府補助辦法》

中央為謀全國之經濟平衡發展，得視直轄市及縣（市）政府財政收支狀況，由國庫就下列事項酌予補助	
一般性補助款補助事項	包括直轄市、準用直轄市規定之縣及縣（市）基本財政收支差短與定額設算之教育、社會福利及基本設施等補助經費
計畫型補助款之補助範圍	計畫效益涵蓋面廣，且具整體性之計畫項目
	跨越直轄市、縣（市）或二以上縣（市）之建設計畫
	具有示範性作用之重大建設計畫
	因應中央重大政策或建設，需由直轄市或縣（市）政府配合辦理之事項
專案補助款	中央對於直轄市及縣（市）政府重大事項之專案補助

UNIT **7-2**
客家文化重點發展區之檢討（一）

客家委員會所公告之「客家文化重點發展區」計有11個直轄市、縣（市），及69個鄉（鎮、市、區），其所涉及之相關問題，進一步檢討說明如下。

（一）「客家文化重點發展區」之認定問題

客家委員會第二次所公告之客家文化重點發展區，增加了桃園縣大園鄉、新竹市香山區、苗栗縣通霄鎮、臺中市豐原區、南投縣水里鄉、雲林縣崙背鄉、高雄市甲仙區、花蓮縣壽豐鄉、光復鄉等9個鄉鎮區，這些鄉鎮區在一般人普遍的經驗中，似乎不認為是客家庄。加以第一次已公告之鄉鎮市區來看，如苗栗縣苑裡鎮、後龍鎮屬苗栗海線地區，一般認為其多以閩南人聚居為主。本書認為客家文化重點發展區之認定有兩個主要的爭議點。

第一個爭議點，客委會統計推估之計算方式是否允當？為何「非」客家庄之鄉鎮市區可被認定為客家文化重點發展區？以如臺中市豐原區為例，依客委會2011年《全國客家人口基礎資料調查研究》，豐原區之客家人口比例為百分之26.62，實際上未達三分之一之人口比例標準，但客委會以「區間估計」方式納入估計誤差值（百分之6.03），讓豐原區之區間估計結果為百分之21至33，剛好讓豐原區達到三分之一門檻，而得列入客家文化重點發展區。進一步檢視，客委會之統計推估方式，豐原區之區間估計結果實際上是百分之20.59至百分之32.62，尚未達到百分之33.33的三分之一人口標準；但客委會一方面以百分之33作為客家文化重點發展區設置標準，另一方面以小數點進位方式，讓豐原區達到百分之33。惟嚴格觀之，既採最寬容標準推估豐原區客家人口比例為百分之32.62，仍未達到百分之33.33，實不宜將豐原區公告為客家文化重點發展區。可以推測，客委會可能為了極大化客家文化重點發展區之數目，係以最寬鬆方式來認定客家文化重點發展區。

第二個爭議點，客家文化重點發展區不但擴大傳統客庄之範圍，更包含部分的「山地鄉」，如苗栗縣泰安鄉、臺中市和平區（原臺中縣和平鄉）。這凸顯了三個問題：

❶將「山地鄉」納入客家文化重點發展區，難謂允當；該鄉究竟應發展原住民特色或客家特色，易生爭議。

❷事實上，兼具「山地鄉」與「客家文化重點發展區」雙重身分之鄉（區），從一般社會通念、資源配置、制度保障（鄉長、縣議員）等以觀，該鄉（區）勢仍以發展原住民語言及文化特色為主軸，故認定其為客家文化重點發展區之實益性甚低。

❸立法院無黨團結聯盟黨團或委員擬具《原住民族自治法草案》，原住民族自治區居民為「中華民國國民，設籍自治區者，為自治區居民」。設若未來原住民族自治區居民之定義依立法院無黨團結聯盟黨團或委員版本通過，且山地鄉依程序設立為原住民自治區，山地鄉是否仍宜認定為客家文化重點發展區，恐生爭議。

以區間估計方式而認定公告為客家文化重點發展區者

區間估計方式而為客家文化重點發展區	花蓮縣花蓮市	花蓮縣光復鄉	苗栗縣苑裡鎮
	苗栗縣後龍鎮	高雄市甲仙區	南投縣水里鄉
	新竹市香山區	臺中市豐原區	桃園縣大園鄉

山地鄉與離島鄉

山地鄉	宜蘭縣大同鄉	宜蘭縣南澳鄉	桃園縣復興鄉	新竹縣尖石鄉	新竹縣五峰鄉
	苗栗縣泰安鄉	南投縣信義鄉	南投縣仁愛鄉	嘉義縣阿里山鄉	屏東縣三地門鄉
	屏東縣霧台鄉	屏東縣瑪家鄉	屏東縣泰武門鄉	屏東縣來義鄉	屏東縣春日鄉
	屏東縣獅子鄉	屏東縣牡丹鄉	花蓮縣秀林鄉	花蓮縣萬榮鄉	花蓮縣卓溪鄉
	臺東縣海瑞鄉	臺東縣延平鄉	臺東縣金峰鄉	臺東縣達仁鄉	臺東縣蘭嶼鄉
山地鄉改制為區	新北市烏來區	臺中市和平區	高雄市桃源區	高雄市茂林區	高雄市那瑪夏區
無山地鄉（區）之直轄市、縣（市）：臺南市、彰化縣、雲林縣、澎湖縣、金門縣、連江縣、基隆市、新竹市、嘉義市					
離島鄉	相對於縣治所在地而言				
	如臺東縣綠島鄉、澎湖縣望安鄉、連江縣東引鄉等				
臺東縣蘭嶼鄉是山地鄉，非離島鄉					

原住民保障機制

中央	行政院	原住民族事務委員會
	立法院	山地原住民3人
		平地原住民3人
	考試院	原住民族特種考試（須具原住民身分始得報考）
		原住民族特種考試報名費減半
地方	直轄市	原住民議員名額：有平地原住民人口在二千人以上者，應有平地原住民選出之議員名額；有山地原住民人口在二千人以上或改制前有山地鄉者，應有山地原住民選出之議員名額
		直轄市之區由山地鄉改制者，其區長以山地原住民為限
	縣市	原住民議員名額：縣（市）有平地原住民人口在一千五百人以上者，於議員總額內應有平地原住民選出之縣（市）議員名額。有山地鄉者，於議員總額內應有山地原住民選出之縣議員名額
	鄉（鎮、市）	原住民代表名額：鄉（鎮、市）有平地原住民人口在一千五百人以上者，於代表總額內應有平地原住民選出之鄉（鎮、市）民代表名額
		山地鄉鄉長以山地原住民為限

UNIT 7-3
客家文化重點發展區之檢討（二）

（二）「客家文化重點發展區」之穩定性問題

除了因客家人定義之寬鬆化及客家人口調查統計推估之精確化不足，使得客家文化重點發展區產生基礎性的問題外，依《客家基本法》第6條，「客家文化重點發展區」係以鄉（鎮、市、區）為基礎，設若鄉（鎮、市、區）行政區域重劃或整併鄉（鎮、市、區），恐將讓已公告之「客家文化重點發展區」因客家人口少於三分之一，而從「客家文化重點發展區」變更為「非客家文化重點發展區」。即客家文化重點發展區實際上易受行政區劃影響，致其穩定性不足。

申言之，依《地方制度法》第7條之3規定，依第7條之1改制之直轄市，其區之行政區域，應依相關法律規定整併之。設若臺中市未來依《地方制度法》規定進行區之行政區域的整併，並參照現行市議員選舉區範圍做為整併基礎，現行臺中市客家文化重點發展區與鄰近區之可能整併模式如下：❶后里區與豐原區按市議員第3選區整併為一個行政區（后豐區）；❷東勢區、新社區、石岡區、和平區按市議員第14選區整併為一個行政區。

以可能整併之后豐區來分析，豐原區係以區間估計結果為百分之21至33，顯係非常勉強達到客家文化重點發展區三分之一人口數之門檻，如未來與福佬人為主的后里區整併，新的后豐區勢必為「非」客家文化重點發展區。類似情況，似也將發生在其他以區間估計方式而認定公告為客家文化重點發展區者。

另在行政院均衡區域發展與國土再造之「三大生活圈、七個發展區域」的規劃

理念下，未來勢將走向廢市（與縣同級之市），則新竹縣與新竹市之合併，亦可能對客家文化重點發展區產生影響。

進一步分析，在非客家縣市中之單一或少數「客家文化重點發展區」，如雲林縣崙背鄉，因其已是該縣中唯一的客家文化重點發展區，若發生行政區重劃或整併，是否能持續保有客家文化重點發展區地位，恐是相當困難。

（三）有效運作須地方自治團體之配合

「客家文化重點發展區」所推動之加強客家語言、文化與文化產業之傳承及發揚，以及推動客語為公事語言（包含服務於該地區之公教人員，應加強客語能力），這無可避免的會涉及地方自治團體的自治權，自須仰賴地方自治團體的配合。

而除地方自治團體的配合外，也涉及財政補助機制，如果客家委員會沒有足夠的預算，要讓地方自治團體主動挹注資源與預算在客家文化重點發展區，恐有其困難性。特別是那些在一般社會通念上，被認為是非客家庄之客家文化重點發展區者（如前所討論的臺中市豐原區、苗栗縣泰安鄉），地方自治團體恐更不易分配客家預算給此類客家文化重點發展區。

（四）未解決更迫切的都會區客家族群發展危機

客家委員會目前公告的客家文化重點發展區多為「鄉村型」市鎮，未來有助於「鄉村型」市鎮之客家族群發展，但未解決都會區客家族群發展危機（隱形化與族群認同改變化）。

新竹縣歷屆縣長與議長

縣府		議會		
屆別	縣長	屆別	議長	副議長
第1屆（1951年5月1日）	朱盛淇	第1屆（1951年1月23日）	張式穀	何乾欽
第2屆（1954年6月2日）	朱盛淇	第2屆（1953年2月21日）	陳添登	姜瑞金
第3屆（1957年6月2日）	鄒滌之	第3屆（1955年2月21日）	莊金火	姜瑞金
第4屆（1960年6月2日）	彭瑞鷺	第4屆（1958年2月21日）	鄭玉田	陳錦相（先）；徐元浩（後）
第5屆（1964年6月2日）	彭瑞鷺	第5屆（1961年2月21日）	鄭火龍	姜煥蔚
第6屆（1968年6月2日）	劉榭燻	第6屆（1964年2月21日）	鄭火龍	曾金榮
第7屆（1973年6月2日）	林保仁	第7屆（1968年2月21日）	藍榮祥	邱泉華
第8屆（1977年6月2日）	林保仁	第8屆（1973年5月1日）	邱泉華	孫天賜
第9屆（1981年12月20日）	陳進興	第9屆（1977年12月30日）	邱泉華	郭根章
第10屆（1985年12月20日）	陳進興	第10屆（1982年3月1日）	鄭再傳（先）；曾勝枴（後）	范振宗
第11屆（1989年12月20日）	范振宗	第11屆（1986年3月1日）	曾勝枴	鄭永金
第12屆（1993年12月20日）	范振宗	第12屆（1990年3月1日）	鄭永金	張清福
第13屆（1997年12月20日）	林光華	第13屆（1994年3月1日）	黃煥吉	羅彭喜美
第14屆（2001年12月20日）	鄭永金	第14屆（1998年3月1日）	黃煥吉	林初松
第15屆（2005年12月20日）	鄭永金	第15屆（2002年3月1日）	黃永和（先）；黃秀輝（後）	張幸源
第16屆（2009年12月20日）	邱鏡淳	第16屆（2006年3月1日）	張碧琴	張志弘
		第17屆（2010年3月1日）	陳見賢	林為洲

註：民國1982年7月1日，新竹縣、市分治。

地方自治團體之自治權（《地方制度法》）

地方自治團體	指依《地方制度法》實施地方自治，具公法人地位之團體	
	直轄市、縣（市）、鄉（鎮、市）為地方自治團體	
自治事項	指地方自治團體依憲法或本法規定，得自為立法並執行，或法律規定應由該團體辦理之事務，而負其政策規劃及行政執行責任之事項	
法定化自治事項	組織及行政管理事項	財政事項
	社會服務事項	教育文化及體育事項
	勞工行政事項	都市計畫及營建事項
	經濟服務事項	水利事項
	衛生及環境保護事項	交通及觀光事項
	公共安全事項	事業之經營及管理事項
	其他依法律賦予之事項	

UNIT **7-4** 客家文化重點發展區之發展建言：客家語言與文化特殊目的政府

借用美國「特殊目的政府」（special-purpose district / special-purpose government）的概念，本書建議可推動將「客家文化重點發展區」轉化為「客家語言與文化特殊目的政府」。

依美國國家統計局界說，美國的地方政府可分為二類：一為普遍目的政府，包含郡政府及郡以下的政府；另一為特殊目的政府，包含學區政府及特區政府。

雖然美國未有族群性質的特區政府，惟參酌美國特區政府針對特定服務或功能之特區政府概念，在不侵害現行地方自治團體自治權之基礎上，為保障客家族群之語言及文化，可以將「客家文化重點發展區」轉型為「客家語言及文化特殊目的政府」。

本書所建議的「客家語言及文化特殊目的政府」是以「客家文化重點發展區」中的客家族群為主體，並由「客家文化重點發展區」所在地之地方自治團體與中央政府共同組成「功能性」之「客家語言及文化特殊目的政府」，來發展客家語言、客家文化、客家文化產業、客家知識體系等事務。

臺灣已逐漸有設立區域性文化保護機制之趨勢。如為保護國家特有之自然風景、野生物及史蹟，我國早於1972年間便制定《國家公園法》，以永續保育國家特殊景觀、生態系統，保存生物多樣性及文化多元性。1995年成立的「金門國家公園」，以文化、戰役、史蹟保護為主；1999年設立的「臺江國家公園」，以保護生物多樣性濕地、先民移墾歷史及漁鹽產業文化為主。足見劃定特定區域，並跨越現有直轄市、縣（市）行政區域，設置專責機關以保護特定歷史、文化，既具必要性，亦具可實踐性。

而客家文化不但反映臺灣先民移墾歷史，也是臺灣多元文化中不可或缺的部分。客家族群遷徙至全臺各地，而產生不同「次類型」的客家文化，如六堆地區、竹苗地區等，這些跨鄉（鎮、市、區）或跨縣（市）的客家地區，實無法憑藉單一地方政府之力量推動其發展，加以不同的次類型客家文化，各具特殊性，而有「因地制宜」的採取不同發展策略之必要性，不宜由中央的客委會統一處理。

另從客家歷史與發展，來思考客家語言及文化特殊目的政府之建構。吳學明指出，客家族群於清朝大量遷徙來臺，多來自大陸的嘉應州、潮州府、惠州府、汀洲府，來臺後主要定居於日治時期之新竹州（今桃竹苗）、臺中州（今中彰投）、高雄州（今高屏）；加以臺灣客家族群所使用語言腔調主要為四縣（嘉應客）、海陸（惠州客）、大埔（潮州客）、詔安（漳州客）等。此種基於相同的歷史淵源、語言、文化、風俗習慣所形成的「傳統客家共同體」，本就有地域上的「群居性」，雖因後來政府行政區劃將渠等劃分為不同的行政區域，但仍具有各自語言或地域上的共同性，故以傳統客家共同體作為設置客家語言及文化特殊目的政府之基礎，是回歸客家歷史與發展的脈絡。

美國普通目的與特殊目的政府 (U.S. Census Bureau)

類型				數目 （2009年）
普遍目的政府 （general-purpose government）	郡政府（County government），共201個			3,033
	郡以下的政府 （Subcounty general-purpose government）	市級政府 （Municipal government）	包含 city，boroughs（except in Alaska），，town（except in the six New England states, Minnesota, New York, and Wisconsin），village	19,492
		鎮區政府 （Township government）	包含 town in Connecticut, Maine（including organized plantations）, Massachusetts, Minnesota, New Hampshire（including organized locations）, New York, Rhode Island, Vermont, and Wisconsin, and townships in other states	16,519
特殊目的政府 （special-purpose government）	類型	學區政府（school district government）		14,561
		特區政府（special district government）		37,381
	特殊目的性	機場（Air transportation）、公墓（Cemetery）、教育（Education）、電力（Electric power）、消防（Fire protectionr）、瓦斯（Gas supply）、健康（Health）、公路（Highway）、醫療（Hospital）、住宅與社區發展（Housing and community development）、企業發展（Industrial development）、圖書館（Library）、貸款（Mortgage credit）、自然資源（Natural resources）、停車場（Parking facility）、公園和娛樂場所（Parks and recreation）、港口設施（Sea and inland port facility）、排水設施（Sewerage）、垃圾清運（Solid waste management）、（Solid waste management）、大眾運輸（Transit）、自來水（Water supply）。		

《國家公園法》

立法目的	為保護國家特有之自然風景、野生物及史蹟，並供國民之育樂及研究
國家公園之選定基準	具有特殊景觀，或重要生態系統、生物多樣性棲地，足以代表國家自然遺產者
	具有重要之文化資產及史蹟，其自然及人文環境富有文化教育意義，足以培育國民情操，需由國家長期保存者
	具有天然育樂資源，風貌特異，足以陶冶國民情性，供遊憩觀賞者

UNIT **7-5** 特殊目的政府可採傳統客家區與現代生活圈之發展模式

為體現「客家語言及文化特殊目的政府」之「功能性之特區政府」精神，應破除現行「客家文化重點發展區」以鄉（鎮、市、區）為範圍之概念，並跨越現行行政區域範圍，將地理上相連之數個「客家文化重點發展區」合併為一個「客家語言及文化特殊目的政府」，其可能的模式方向有二：

（一）傳統客家區模式

關於傳統客家區模式，可用南部六堆的傳統客家區來說明。六堆包含中堆（竹田）、先鋒堆（萬巒）、後堆（內埔）、前堆（麟洛、長治）、左堆（佳冬、新埤）、右堆（美濃、高樹、甲仙、六龜、杉林）等鄉（鎮、區），不但跨越了既存的鄉（鎮、區）行政區域，更跨越了直轄市與縣（高雄市與屏東縣）之行政區域。六堆客家地區的形成有其特殊的歷史時空背景，渠可視為一個共同體，可稱為「六堆客家共同體」。這個六堆客家共同體在清朝時期便已形成，後來係政府因其統治上的需要，加以分設縣（市）、分設鄉（鎮、區）而異其管轄行政區。

而設置「客家語言及文化特殊目的政府」目的既為保障客家族群之語言及傳統文化，自當以「傳統客家共同體」為範圍，並跨越現行之地方自治區域。如以「右堆」之傳統客家區合併屏東縣高樹鄉及高雄市美濃區、高樹區、甲仙區、六龜區、杉林區為一個客家語言及文化特殊目的政府，或以整個六堆為一個大型的客家語言及文化特殊目的政府。亦可將臺灣傳統客家庄，按其一大片的塊狀分布，在臺灣北部（桃竹苗客家庄）、中部（臺中東勢、新社客家庄）、南部（六堆客家庄）、東部（花東客家庄）等分別設立「客家語言及文化特殊目的政府」，並視渠等之發展進程，進一步劃定「客家語言及文化自治區」，另設置「客家語言及文化特區政府」。

（二）現代共同生活圈模式

關於現代共同生活圈模式，共同生活圈是一個隨著都市化發展，人口聚居於都市，以「中心市鎮」為核心，周遭為「衛星市鎮」之跨越既有行政區域之生活型態，並整合了人口聚落、地理區位、產業經濟、生態環境、歷史文化、交通網絡等因素。「共同生活圈」的形成，乃是長期社會經濟演變的自然結果，不是任意性的行政作為所能創造。

王本壯、劉淑萍指出，苗栗縣文化局2007年以整體的地理條件、生活習慣、族群文化與共同行為等因素將苗栗縣分為苗北海線區（竹南、頭份部分地區、造橋部分地區），苗北山線區（頭份部分地區、造橋部分地區、三灣、南庄），苗中海線區（後龍、西湖、苗栗市部分地區），苗中山線區（苗栗市部分地區、公館、銅鑼、獅潭、頭屋），苗南海線（通霄、苑裡），苗中山線區（三灣、大湖、卓蘭、泰安）六大生活圈。是以，客家語言及文化特殊目的政府若循現代共同生活圈加以整合設置，符合現在客家族群聚居與生活的範圍，有其合理性與適當性。

另可借用Walter Chistaller的「中地理論」（central place theory）來建構現代共同生活圈模式以形塑特殊目的政府。

共同生活圈

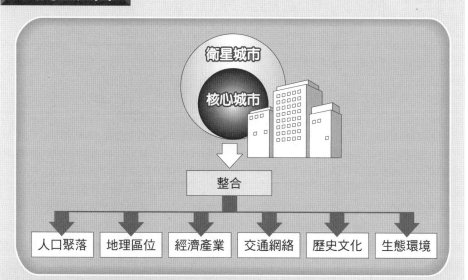

```
            衛星城市
           核心城市
              │
              ▼
           ┌──────┐
           │ 整合 │
           └──────┘
```

人口聚落	地理區位	經濟產業	交通網絡	歷史文化	生態環境

六堆起源（六堆客家文化園區網站）

源自自衛性組織	西元1721（清康熙60年）朱一貴事變發生時，為保衛鄉里，防止亂事侵犯客庄，散佈在屏東平原的客家人，依所在地理位置，組成民間義勇，共有中、前、後、左、右、先鋒及巡查營，保衛家鄉
	設六營及巡察營七個營隊，共同抵禦外侮，亂事平定後，鄉勇解散回庄。到林爽文事變時，決定改「隊」為「堆」（隊與堆客語諧音），共有六堆，正式成為自治、自衛性質的組織
共同體淵源	由於平亂有功，獲清廷敕建忠義亭，並以忠義亭為精神堡壘
	六堆於清朝時代皆隸屬鳳山縣，日據時期也同屬阿猴廳或高雄州，光復後美濃改隸高雄縣外，餘則隸屬屏東縣
	所以「六堆」並非行政區域，而是客家族群共同體

中地理論（Central Place Theory）

代表學者	Walter Chistaller
核心概念	「中地」提供服務及貨品予其「腹地」
	大城市服務圈大，城市數量少；小城市服務圈小，城市數量多
影響因素	距離（range）
	門檻（threshold）

UNIT **7-6** 語言及文化特殊目的政府機制亦可適用於原住民

以行政院2010年9月23日第3214次院會討論通過之《原住民族自治法草案》所架構原住民族自治區，其定性為政府所設置，具公法人地位之民族自治團體，享有民族自治事項。又《原住民族自治法草案》賦予原住民族可比照縣（市）層級成立自治區政府，並設有自治區議會，享有制定自治區自治法規之權限。

當行政院所擬具《原住民族自治法草案》送請立法院審議，立法院內政委員會審議時，除行政院版本外，尚有無黨團結聯盟黨團、委員楊仁福等19人、委員林正二及林滄敏等85人、委員孔文吉等53人擬具《原住民族自治法草案》暨委員孔文吉等18人擬具《臺灣原住民太魯閣族自治法草案》，合計共6個版本草案。顯見原住民族本身對「原住民族自治區」之設置方式及程序，仍有爭議，尚未獲致共識。甚至，原住民部分族系（太魯閣族）意欲以專法取得自治區地位。

揆諸其緣由，似因原住民族各族系兼之社會文化結構有別，有採母系社會者（如阿美族），有採貴族社會者（如排灣族），亦有側重長老權威者，而原住民自治區涉及政治、經濟及社會資源的分配，若要設立具公法人地位之自治區政府，如何設置？意見歧異，包含設自治區議會及自治區政府者（行政院）、設最高政權機關之中央民族議會（委員林正二及林滄敏）、設長老院及民族議會暨區政府者（孔文吉等18人）。

除了自治區組織設立方式之歧異議外，自治區居民之認定，亦為爭議點所在。包含無黨團結聯盟黨團、林正二及林滄敏等85人、委員孔文吉等53人、孔文吉等18人擬具的草案，所指原住民族自治區居民係設籍於原住民自治區之本族與他族人民（中華民國國民，設籍自治區者，為自治區居民）。即相對於行政院版本（原住民設籍在自治區域內者為自治區民）；立法院無黨團結聯盟黨團及委員提案，係將原住民自治區內的原住民與非原住民皆納為自治區居民。

若再考量自治區內族群糾紛之解決、自治區與地方自治團體權限爭議之解決等問題，《原住民族自治法草案》在短時間內，恐不易通過。此時，自治強度較低、爭議性較小，符合憲法增修條文第10條第11項（國家肯定多元文化，並積極維護發展原住民族語言及文化）之「原住民族語言及文化特殊目的政府」可作為一個選項。

申言之，因原住民族因其語言、風俗習慣、地域分布等而有不同的族系（目前經政府核定者有14族），若因應原住民各族系之語言及文化特色，因地制宜的設立「語言與文化特殊目的政府」，而非強制原住民各族系統一適用《原住民族自治法》，及以語言及文化特殊目的政府為基礎之「分權式原住民自治」方式，具有依原住民各族系之特色「因地制宜」的效果，將可促使原住民自治機制更具多元性與可行性。

進而，當此「語言與文化特殊目的政府」如可同時適用於客家族群與原住民族各族系時，語言與文化特殊目的政府將更易為社會所接受，更易建構特殊目的政府之制度性機制。

圖解客家政治與經濟

《原住民族自治法草案》總說明

說明	世界各國有關原住民族之思潮與制度，自西元1980年代以降，已有根本之改變。多元文化、保障人權及民族自決之理念，逐漸成為世界各國原住民族政策及法制之原則，並以承認原住民族集體權及恢復傳統自我管理能力為主要方向。在此潮流下，原住民族自治制度之建立，已成為許多國家回應原住民族訴求之主要方式。 鑒於原住民族自治已成為現今人權國家原住民族政策重要之一環，聯合國大會於西元2007年9月13日通過之《聯合國原住民族權利宣言》第3條及第4條分別揭示「原住民族享有自決權。依此權利，原住民族可自由決定其政治地位，並自由追求其經濟、社會及文化的發展。」「原住民族行使自決權時，於其內政、當地事務，及自治運作之財政，享有自主或自治權。」更為世界原住民族自治之潮流，樹立劃時代之里程碑。 在世界潮流之影響下，現行法制亦有相呼應之規定，其最重要、最根本者，厥為我國憲法增修條文所揭櫫之原住民族自治原則。按憲法增修條文第10條第12項前段規定：「國家應依民族意願，保障原住民族之地位及政治參與，並對其教育文化、交通水利、衛生醫療、經濟土地及社會福利事業予以保障扶助並促其發展，其辦法另以法律定之」是以，依據原住民族之意願，保障其地位、政治參與及民族發展權，為憲法明文課予國家之義務，從而原住民族一旦選擇以自治制度為其表示民族意願之方式，國家即應承認並保障原住民族自治之權利。《原住民族基本法》並依上開憲法增修條文規範意旨，於第4條規定：「政府應依原住民族意願，保障原住民族之平等地位及自主發展，實行原住民族自治；其相關事項，另以法律定之。」此即為原住民族自治之立法依據。 盱衡世局，我國原住民族政策應與世界潮流接軌，規劃推動原住民族自治；秉持尊重差異原則，以維護原住民族主體性；本諸推廣自治原則，以促使原住民族享有管理自身事務的權力；加之自主發展原則，以促進原住民族之生存發展，從而規劃賦予民族自治精神與特色，而與一般地方自治有其差異，進而提高其地位與尊嚴，建構各族群多元共榮之社會。綜合言之，為順應世界原住民族自治之潮流，實現原住民族自治之願景，依上揭憲法增修條文及《原住民族基本法》規定，以尊重原住民族自治意願，保障原住民族平等地位及自主發展之原則。
條文要點	本法之立法目的及用詞定義等事項。（草案第1條至第8條） 原住民族自治區之設立程序。（草案第9條至第19條） 自治區民之權利及義務。（草案第20條至第22條） 自治區之民族自治事項、委辦事項與委託事項、跨區域民族自治事項之辦理、跨區域合作方式及權限劃分。（草案第23條至第28條） 自治法規之制（訂）定、公（發）布之程序及其位階。（草案第29條至第36條） 自治區立法機關與行政機關之組織、運作、層級及相互關係。（草案第37條至第58條） 自治區財政、預算籌編原則、財政規範及財政紀律。（草案第59條至第67條） 中央對自治區之監督、事權爭議之解決、自治區主席與議員之解職、議員之補選及主席之代理等事項。（草案第68條至第77條） 自治區域調整、自治區主席適用公務員服務法、自治區員工給與之辦理，及相關法規應配合本法施行之訂修作業。（草案第78條至第82條）

第 8 章

客家事務管理組織體系

●●●●●●●●●●●●●●●●●●●●●●●● 章節體系架構 ▼

UNIT **8-1**
客家事務專屬行政部門之創設

受到臺灣客家運動及主要政黨爭取客家族群選票之影響，2000年間展開了有關臺灣客家事務行政部門（客家委員會）之設置。

（一）中央層級

行政院於2000年5月11日第2681次會議通過《行政院客家事務委員會籌備處暫行組織規程》及《行政院客家事務委員會組織條例》兩草案；隨後行政院於2000年5月18日以院令發布《行政院客家事務委員會籌備處暫行組織規程》，同時將《行政院客家事務委員會組織條例》草案函送立法院審議（當時執政黨為國民黨）。陳水扁總統於2000年5月20日就職後，民進黨政府於2000年9月1日正式成立籌備處，由蒙藏委員會徐正光委員長兼任行政院客家事務委員會籌備處主任；立法院於2001年5月4日三讀通過《行政院客家委員會組織條例》，行政院客家委員會（後來在2012年改制為客家委員會）乃在2001年6月14日正式成立。

（二）地方層級

部分地方自治團體也開始設立客家事務行政部門，最早設立之地方層級的客家事務專屬行政機關者為「臺北市政府客家事務委員會」（2002年），隨後「屏東縣政府客家事務處」（2002年）、「高雄市政府客家事務委員會」（2005年）、「臺北縣政府客家事務局」（2007年）、「花蓮縣政府客家事務處」（2010年）、「臺中市政府客家事務委員會」（2011年）、「桃園縣政府客家事務局」（2012年）陸續成立，俾利客家事務之推動。

惟這些地方層級的客家事務行政部門，有以「機關」方式運作者，亦有以「單位」方式運作者，且組織編制皆屬小規模。以臺北市政府為例，客家事務委員會之員額編制僅29人，僅設2個業務單位，既無副主任委員，亦未設人事室；相對於民政局局本部（客委會由原民政局客家小組獨立出來）之員額編制為131人，設有5個業務單位，2個副局長。

（三）政治效果

客家事務專責行政體系（行政院客家委員會）之成立，除了彰顯臺灣客家族群有了專屬行政部門來爭取權益外，更重要的是代表臺灣客家族群有了明確的政府預算分配規模，每年國家政府預算資源分配中，都有一定比例分配給客家族群。

小博士解說

❶《地方行政機關組織準則》第5條及第15條，直轄市政府所屬一級機關名稱為「局、處、委員會」；縣（市）政府所屬一級機關名稱為「局」，縣（市）政府一級單位為處。

❷《中央行政機關組織基準法》第3條，「機關」係指就法定事務，有決定並表示國家意思於外部，而依組織法律或命令（以下簡稱組織法規）設立，行使公權力之組織。「單位」係指基於組織之業務分工，於機關內部設立之組織。

客家事務專屬行政部門設立時間

	機關（一級單位）		時間
中央層級	行政院客家委員會（後改制為客家委員會）		2001年6月14日
地方層級	直轄市	臺北市政府客家事務委員會	2002年6月17日
		高雄市政府客家事務委員會	2005年1月1日
		臺北縣政府客家事務局（後改制為新北市政府客家事務局）	2007年10月1日
		臺中市政府客家事務委員會	2010年12月25日
	縣（市）	屏東縣政府客家事務處	2002年8月22日
		花蓮縣政府客家事務處	2010年8月19日
		桃園縣政府客家事務局	2011年1月1日

臺北市政府客家事務委員會組織結構

依據	《臺北市政府客家事務委員會組織規程》		
決策單位	主任委員	置主任委員一人，由市長任命之，綜理會務，並指揮監督所屬員工	
	委員	置委員17至25人為無給職，由市長分別就下列人員聘兼之	客屬社團代表
			熱心客家事務專家學者代表
			對客家文化及教育有貢獻之人士
		委員中，女性委員名額應占三分之一以上	
		委員任期為二年，連聘得連任一次，任期內委員因故出缺補聘者，其任期以補足原任期未滿之任期為止	
	委員會議	委員會議以二個月召開會議一次為原則，必要時得召開臨時會議，均由主任委員召集並擔任主席，主任委員因故不能出席時，由出席委員互推一人代理之	
業務單位	第一組	掌理客家事務政策之規劃、研究發展與施政計畫、客家文化會館及客家藝文活動中心之設置與管理監督、國內外客家事務合作與交流等事項	
	第二組	掌理客家傳統文化之保存與推廣、客家語言之發展、客家禮儀之研究、客家傳統民俗及語言人才之培育、客家藝文創作與客家社團輔導等事項	
輔助單位	秘書室	掌理文書、檔案、資訊、法制、研考、事務、出納、採購等事項及不屬其他各組事項	
	會計室	依法辦理歲計、會計及統計事項	
	人事管理員	由市府人事處派員兼任，依法辦理人事管理事項	

UNIT **8-2**
客家事務專屬行政部門對客家發展之影響

客家委員會之設置，在預算資源分配，以及其與各客家社團（利益團體）互動關係，其影響為：

（一）資源集中化

就組織結構設計之觀點，因為各機關會有其本位主義，當事權分散於各機關時，常會發生爭功諉過或推諉卸責之情況；專責機關之成立，具有事權統合與資源整合之正面價值。

在早期（客家委員會成立之前），客家文化業務係由文建會（後來在2012年改制為文化部）所主管的；客家教育、客語教育推廣則涉及了教育部權責；客家民俗禮儀、客家宗教則與內政部業務相關；客家傳播媒體則涉及了新聞局（後來在2012年裁撤）的職掌；事權是高度分散於各政府部門的。

客家委員會的成立，讓客家事務有了專責機關，具有事權統合與資源整合之正面效果；可以有效的統合行政資源，並讓客家事務之推展有明確的政策方向。

惟也有學者，如范振乾（2009：165-166）便認為集中化就是邊緣化的開始，因為其他政府機關碰到客家事務時，都要求相對人逕洽客委會，而客委會資源、預算有限，致客家事務推動更形困難。

（二）影響客家社團（利益團體）之自主性

客家委員會的成立，讓客家事務有了專責機關，在政府部門層面上，具有事權統合與資源整合之正面效果；但相對的，在客家利益團體層面上，卻產生不利於部分客家社團或客家利益團體之負面效果。

當成立了客家事務專責機關，雖然統合了政府預算與社會資源，有助於明確的客家政策發展方向；在符合當前客家政策發展作為之利益團體，當然能獲得相當的預算與資源，有助於這個政治參與團體的成長。

但相對的，如果特定的利益團體之政治參與訴求，是不符合當前客家事務專責機關所定之客家政策發展方向時，顯然無法獲得預算與資源之分配，對這個政治參與團體的發展來說，是不利的。事實上，有論者便指出現在許多客家社團因仰賴客家委員會之預算補助，致在許多客家重要議題上，不敢表達與政府相違的意見。

從「多元參與」的角度，政府應該保障各種利益團體都有追求其利益價值的機會，應該包容且尊重不同政策訴求之政治參與團體。而統治者掌握了客家事務行政體系之人事任命權與資源分配權，通常確實會有扶植與自己立場相近利益團體之傾向。故客家事務專責機關之設立，讓資源分配權集中在客委會主委手中，而這個資源分配控制權「有可能」轉換為對客家社團或利益團體之控制權。

故如何強化外部參與機制及資訊充分公開，俾使客家事務專屬行政部門成為帶動客家族群發展的火車頭。

2012年改制後「客家委員會」之組織結構與業務職掌

《客家委員會組織法》	掌理事項	客家事務政策、制度、法規之綜合規劃、協調及推動
		地方及海外客家事務之研議、協調及推動
		客語推廣及能力認證之規劃及推動
		客家文化保存與發展之規劃、協調及推動
		客家文化產業發展、創新育成與行銷輔導之規劃、協調及推動
		客家傳播媒體發展、語言文化行銷之規劃、協調及推動
		所屬客家文化機構之督導、協調及推動
		其他有關客家事務事項
	委員組成	置委員21人至27人，為無給職，由主任委員提請院長就客家地區代表、有關機關代表及學者、專家聘（派）兼之
		任期2年，任滿得連任，但委員為有關機關代表者，其任期隨職務異動而更易
《客家委員會處務規程》	業務單位	綜合規劃處，分三科辦事
		客家事務政策之綜合規劃及協調
		客家基礎資料之蒐集、研究及分析
		客家知識體系發展之規劃、推動、獎助及督導
		施政策略、國家建設中程與年度施政計畫、先期作業、中長程個案計畫之審核、協調、督導、管制及考核
		業務報告、施政報告、重要措施、委員會議、組織調整與重要交辦案件之追蹤、管制及考核
		資訊服務之規劃、推動及資通安全管理
		客家事務、全國客家會議、全國客家事務首長會議之規劃、推動及辦理
		客家社團發展之輔導、聯繫及補助
		海外客家事務與藝文交流之規劃、協調及推動
		其他有關客家發展事項
		文化教育處，分三科辦事
		客語推廣教育之規劃、協調及推動
		客語能力認證、資料庫與數位學習之規劃及推動
		客語作為公事語言之規劃及推動
		客家文化發展之規劃、輔導及推動
		客家文化人才之培育
		客家文化資源調查、蒐集、資料庫建置、出版之規劃及推動
		客家生活環境之營造、傳統空間之保存及發展再利用
		客家館舍之活化、經營及輔導
		其他有關客家語言及文化發展事項
		產業經濟處，分二科辦事
		客家文化產業發展之規劃、協調及推動
		客家文化產業發展之調查、研究及分析
		客家文化產業行銷推廣之規劃及推動
		客家文化產業經營管理之輔導
		客家文化產業人才之培育
		客家文化產業之補助及獎勵
		客家休閒產業之規劃、協調、輔導及推動
		其他有關客家文化產業經濟事項
		傳播行銷處，分二科辦事
		客家傳播媒體發展之規劃、協調及推動
		客家傳播媒體之輔助及培植
		客家語言文化之媒體合作、推廣及整合行銷
		客家語言文化之影音資料蒐整及典藏
		客家語言文化傳播人才之培育
		媒體公關、新聞發布與輿情之蒐整及處理
		國際新聞傳播媒體之協調聯繫
		重大政策宣傳之規劃、協調及推動
		其他有關客家傳播行銷事項
	輔助單位	秘書室，分二科辦事
		人事室
		政風室
		會計室

UNIT **8-3**
設置客家事務行政部門之意義與效果

圖解客家政治與經濟

本書認為中央與地方客家事務委員會之設立，具有一個主要意義及兩個效果。

（一）主要意義：客家族群政治參與運動的具體成果

如同本書前所論述的有關「1228還我母語運動」對政治結構之影響，客家事務專責機關之設立可說是客家族群政治參與運動的具體成果。讓臺灣四大族群，除最大閩南族群外，皆有專屬行政體系之建立（客家族群為客家委員會、外省族群為國軍退除役官兵輔導委員會、原住民為原住民族委員會）。

（二）效果一：消除隱形化的困境，強化客家族群認同意識

客家委員會之設立，具有「象徵性」之功能，讓客家族群感覺到客家族群有專責行政機關之服務，意識到客家事務有其「特殊性」。從心理學角度，當人們感覺到其與其他人不一樣之特殊性時，就會強化這個特殊性所代表之意義，進而對其更加認同，並讓原本是處於「隱形化」的客家族群逐漸站出來。

又客委會成立後，代表客家族群有其專責行政機關，具有「象徵性」之功能，而能產生凝聚客家族群向心力與強化客家族群認同意識之效果。

（三）效果二：讓非客家族群更了解客家語言與文化，促進族群融合

在中央與地方客家委員會成立後，陸續辦理了許多客家文化或民俗活動，如客委會辦理之「客庄十二大節慶」，不但讓新一代客家族群能了解與認同其自身客家文化與意識；更重要的是，透過這些活動，把客家語言及文化推廣出去，讓非客家族群在參與客家文化或民俗活動的過程中，認識客家文化與語言。

在讓非客家族群更了解客家文化的基礎上，客委會更進一步運用「哈客」的概念，來讓非客家族群了解客家文化，以達到族群和諧的效果。

（四）實踐多元文化主義

從差異政治與制度性肯認觀點，Iris Marion Young以差異公民資格（differentiated citizenship）概念以及特殊權利設計補救少數族群因結構所招致不平等與壓迫之方式為：

❶為促進族群集體認同與集體利益，應尊重族群成員的自我組織權。

❷少數族群意見能被納入決策過程。

❸涉及族群利益之政策，應賦予少數族群否決權（Young，1989：258；張培倫，2005：64）。為使臺灣客家族群能有代言、發聲之機制，專屬行政機關之設立，便成為一個重要的政策議題；又為確保臺灣客家族群權益，法制面之保障亦不可或缺，乃浮現制定臺灣的《客家基本法》議題。

2012年改制後「客家委員會」之組織架構（客委會網站）

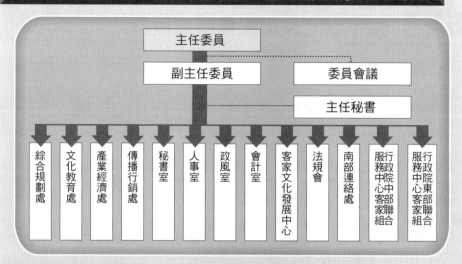

主任委員

副主任委員　　　　委員會議

主任秘書

綜合規劃處｜文化教育處｜產業經濟處｜傳播行銷處｜秘書室｜人事室｜政風室｜會計室｜客家文化發展中心｜法規會｜南部連絡處｜行政院中部客家聯合服務中心｜行政院東部客家聯合服務中心

客委會改制前所適用《行政院客家委員會組織條例》

掌理事項	客家事務政策、制度、法規之綜合規劃、協調及研議事項
	客家文化之保存及推動事項
	客家語言、客家民俗禮儀、客家技藝、宗教之研究與傳承規劃及協調事項
	客家教育之規劃協調、客家人才之培育及訓練事項
	客家傳播媒體、文化團體與文化活動之推動及獎助事項
	客家事務相關資料之調查、蒐集、分析及出版事項
	促進族群融合事項
	海外客家事務合作及交流事項
	議事、文書、印信、出納、庶務及公共關係事項
	其他有關客家事務事項
業務單位	設三處，並得分科辦事

業務單位vs輔助單位

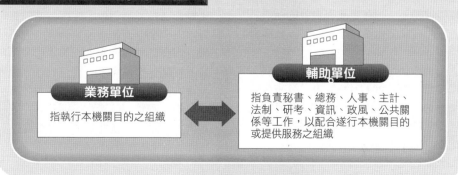

輔助單位

指負責秘書、總務、人事、主計、法制、研考、資訊、政風、公共關係等工作，以配合遂行本機關目的或提供服務之組織

業務單位

指執行本機關目的之組織

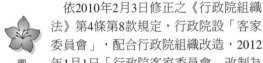

UNIT **8-4** 客委會改制與政策主軸變遷：客家文化產業經濟發展

圖解客家政治與經濟

（一）客委會改制

依2010年2月3日修正之《行政院組織法》第4條第8款規定，行政院設「客家委員會」，配合行政院組織改造，2012年1月1日「行政院客家委員會」改制為「客家委員會」。

復依2011年6月29日公布《客家委員會組織法》第2條規定，客委會掌理事項：
❶客家事務政策、制度、法規之綜合規劃、協調及研議事項。
❷地方及海外客家事務之研議、協調及推動。
❸客語推廣及能力認證之規劃及推動。
❹客家文化保存與發展之規劃、協調及推動。
❺客家文化產業發展、創新育成與行銷輔導之規劃、協調及推動。
❻客家傳播媒體發展、語言文化行銷之規劃、協調及推動。
❼所屬客家文化機構之督導、協調及推動。
❽其他有關客家事務事項。

若與2001年5月16日公布《行政院客家委員會組織條例》第3條相比較，可以觀察到行政院客家委員會的階段，其主要政策目標在復振客語與復興客家文化（此時尚未有客庄文化產業之經濟政策目標）；而在客家委員會的階段，新增「客家文化產業發展」納入政策目標。

也為達此「客家文化產業經濟發展」之政策目標，2011年9月29日發布《客家委員會處務規程》自2012年起增設「產業經濟處」，專責推動辦理客家文化產業工作，以發展客庄經濟。

（二）發展客家文化產業經濟：藏富客庄

參照客委會網站，鑒於美感經濟與體驗經濟為引領之當代文化產業發展趨勢，客委會自2008年起，以馬英九「牽成客家 繁榮客庄」客家政見，以高度視野，在地關照為理念，積極推動「幸福客庄運動」，透過好文化、好環境、好經濟之提升，建構文化認同、產業競爭力，以創造在地就業與客庄生活福祉，擘劃客家優質生活經濟藍圖。在增設「產業經濟處」後，更將以馬英九2012年所提出之「榮耀客家，藏富客庄」為客家願景，全力打造臺灣成為世界「客家新都」；具體措施係採取「幸福客庄運動」。

客委會網站指出，客委會之「幸福客庄運動」係以「客家特色產業發展計畫」之推動為核心，分別辦理客家特色產業輔導及客家文化加值產業補助等計畫，積極協助客家產業創新升級，並策辦客家大型展覽暨聯合展售會、客家創意美食比賽及產業人才培育、客家創意服飾開發推廣、客家等路大街網路商城等相關整合行銷推廣工作，同時協助佈建全球展售通路，以打造一鄉鎮一特色產業展示交流平台為目標；為加強深耕客庄產業發展，客委會另針對客家文化重點發展區推動辦理客庄區域產經整合計畫，協助促進傳統產業轉型與創新，提升客家社會力，並透過客家產業創新育成相關計畫培育客家產業人才，進而輔導客家青年成為客家文創產業發展尖兵，吸引青年回流客庄，活絡客庄產業經濟，以達客庄在地繁榮之理想境界。

客家委員會客家文化發展中心

前身	原行政院客家委員會臺灣客家文化中心籌備處所改制成立	
依據	《客家委員會客家文化發展中心組織規程》及《客家委員會客家文化發展中心辦事細則》	
設立目的	客家委員會為發展客家文化及辦理客家文化園區業務，特設客家委員會客家文化發展中心，為四級機構，並受客家委員會指揮監督	
掌理事項	本中心所轄各客家文化園區之興建、營運、管理及發展企劃	
	客家文化學術研發與專業人才培育及訓練之執行	
	客家語言及文化發展之執行	
	客家文物之典藏、保存及維護	
	其他客家文化推廣事項	
業務單位	研究發展組	客家學術、文化、產業研究發展與專業人才培育及訓練之執行
		委託研究專案之研擬及執行
		本中心各園區展演主題及典藏品之研究
		本中心各園區出版品之綜合規劃及管理
		本中心各園區與其他館際交流之規劃、研擬及執行
		其他有關研究發展事項
	藝文展演組	本中心各園區各項藝文展演及展示主題計畫之擬訂
		展示施作與展場之管理、監控、監督施工及驗收
		展場燈光、電力及互動展示設施之維修
		本中心各園區客家文化戲劇、歌謠、藝文活動之策劃及執行
		其他有關藝文展演事項
	文資典藏組	本中心各園區典藏政策及作業流程之擬訂
		本中心各園區典藏品之調查、徵集、保存、管理及維護
		本中心各園區圖書資料之徵集、保存、管理及維護
		客家文化資源數位典藏與加值運用之規劃及執行
		其他有關文資典藏事項
	公共服務組	客家語言文化教育推廣活動之執行
		本中心各園區志工培訓計畫之研擬、執行、評鑑及管考
		本中心各園區解說導覽設施內容之規劃、設計、執行及導覽員之訓練
		本中心各園區委外經營案件之辦理
		其他有關公共服務事項
輔助單位	行政室	
	人事管理員	
	會計室	

UNIT **8-5** 客家事務專責機構雙軌制：設置「客家行政法人」

圖解客家政治與經濟

（一）政治與文化分離

當文化遇上了政治，常會發生「文化服務政治」之爭議，但文化的保存與推動，需耗費大量的資源與金錢，多必須仰賴政府公部門預算的挹注，否則難以推動文化事務。

惟任何政黨執政後，掌握政府預算分配權，無可避免的會透過預算分配與補助機制，擴大自己政黨的選票基礎，也因此常讓文化事務的專業性與延續性容易受到傷害。

而在客家委員會預算倍增及2012年改制後組織擴編後，客家委員會掌握了更多的預算分配與補助之權力，如何能讓文化傳承議題回歸文化專業，並排除政治之干預，以達「政治歸政治、文化歸文化」。

只要文化能歸文化，將會激發出更多的發想與創意，並進一步促使客家文化之發揚光大。至於如何讓政治與文化分離，一個可行之道便是「客家行政法人」之設置。

（二）雙軌制機構

所謂客家事務專責機構雙軌制概念，是指設立「客家行政法人」處理專業性程度高、公權力程度低之客家事務；客委會職司宏觀政策規劃及需公權力基礎之客家事務。

本於政府再造與組織精簡是世界潮流，為建構合理的政府職能及組織規模，並提升政府施政效率，及確保公共任務之妥善實施，實有必要打破以往政府、民間體制上之二分法，讓不適合或無需由行政機關推動之公共任務，另設行政法人來處理，俾使政府在政策執行方式之選擇上，能更具彈性，並適當縮

減政府組織規模，同時可以引進企業經營精神，使這些業務之推行更專業、更講究效能，而不受現行行政機關有關人事、會計等制度之束縛（行政法人法草案總說明）。基此，我國於2011年4月27日制定《行政法人法》。

目前政府規劃先期將設置「中山科學研究院」、「國家運動訓練中心」、「國家表演藝術中心」、「臺灣電影文化中心」、「國家災害防救科技中心」等5個行政法人。既然文化藝術類是優先設立行政法人者，客家族群為保存及傳承客家文化，是否可考慮也設立行政法人？

考量客家語言及文化之快速流失，保存客家語言及文化具有高度之必要性與迫切性；並借用柯承恩教授觀點，文化藝術需要高度的創意，但是組織的運作卻需要管理；如何讓管理的機制協助客家文化之傳承與發揚，引領臺灣成為全球客家文化交流與研究中心，而不會因管理結構的專業性不足，反而限制了客家文化的發展，設置「客家行政法人」是一個可以認真思考的方向。

（三）行政法人原住民族文化中心

按《原住民族教育法》第30條，中央政府應視需要設置行政法人原住民族文化中心或博物館，必要時，得以既有收藏原住民族文物之博物館辦理改制。

機關、單位、業務單位、輔助單位等概念釐清

名稱用語			解析說明
機關	意涵：就法定事務，有決定並表示國家意思於外部，而依組織法律或命令設立，行使公權力之組織		
	層級（中央）		院：一級機關用之
			部：二級機關用之
			委員會：二級機關或獨立機關用之
			署、局：三級機關用之
			分署、分局：四級機關用之
	層級（地方）	直轄市政府	以分二層級為限
			局、處、委員會：一級機關用之；處限於輔助兼具業務性質之機關用之
			處、大隊、所、中心：二級機關用之
		縣（市）政府	以分二層級為限
			局：一級機關用之
			隊、所：二級機關用之
		鄉（鎮、市）公所	以一層級為限
			名稱為隊、所、館
獨立機關	意涵：指依據法律獨立行使職權，自主運作，除法律另有規定外，不受其他機關指揮監督之合議制機關		
	合議制成員		獨立機關合議制之成員，均應明定其任職期限、任命程序、停職、免職之規定及程序
			但相當二級機關之獨立機關，其合議制成員中屬專任者，應先經立法院同意後任命之；其他獨立機關合議制成員由一級機關首長任命之
			除有特殊需要外，其人數以五人至十一人為原則，具有同一黨籍者不得超過一定比例
機構	意涵：機關依組織法規將其部分權限及職掌劃出，以達成其設立目的之組織		
單位	意涵：基於組織之業務分工，於機關內部設立之組織		
	類型	業務單位	係指執行本機關職掌事項之單位
		輔助單位	係指辦理秘書、總務、人事、主計、研考、資訊、法制、政風、公關等支援服務事項之單位
	層級（中央）	一級內部單位	「處」：一級機關、相當二級機關之獨立機關及二級機關委員會之業務單位用之
			「司」：二級機關部之業務單位用之
			「組」：三級機關業務單位用之
			「處、室」：各級機關輔助單位用之
		二級內部單位	科
	層級（地方）	直轄市政府	一級單位下設科、組、室，最多不得超過九個，科下並得設股
			所屬一級機關內部單位為科、組、室、中心，其下得設課、股
			所屬二級機關內部單位為科、組、室、課，科、室下得設股
			但為執行特殊性質業務者，得設廠、場、隊、站
		縣（市）政府	一級單位為處，一級單位下設科
			所屬一級機關下設科，科之人數達十人以上者，得分股辦事
			所屬二級機關下得設課、股、組、室，最多不得超過八個
		地方行政機關內部單位層級之設立，得因應機關性質及業務需求彈性調整，不必逐級設立	

UNIT **8-6**
設置「客家行政法人」之必要性

臺灣《客家基本法》對客家文化傳承與發揚的主要機制有三：❶客家文化重點發展區；❷獎勵補助製播客家文化節目；❸建設臺灣成為全球客家文化交流中心。進一步檢視目前客家委員會就基本法上開三項機制之實踐，可分為以政府預算透過獎勵補助方式推動客家文化發展，與客家文化園區之設立兩部分，茲分析其問題如下：

（一）客家文化預算獎補助之客觀性與獨立性不足

客家委員會目前訂有《客家委員會推動客家文化設施活化經營補助作業要點》、《客家委員會補助地方政府推動客家文化生活環境營造計畫作業要點》、《客家委員會補助製作客家議題電視節目作業要點》、《客家委員會補助優良客語廣播節目作業要點》、《客家委員會推展海內外客家事務交流合作活動補助要點》等。

就上開客家委員會所訂定之相關行政規則以觀，客家委員會係採取預算補助之「誘導性」機制，來推動客家文化之保存與發揚；這與《文化資產保存法》賦予文化部可做出行政處分之強制性公權力有別。

本書並不主張要仿照《文化資產保存法》之強制措施來傳承客家文化，畢竟亦有《文化藝術獎助條例》以獎補助方式來扶植文化藝術事業，輔導藝文活動，保障文化藝術工作者，促進國家文化建設。

本書關注重點在於主管機關於分配預算及補助時，是否能以客家文化長遠發展為基礎，並排除政治力之干預。因為文化藝術之獎助，另制定有《國家文化藝術基金會設置條例》，設置國家文化藝術基金會以評審文化藝術事業之獎助、補助；但行政院客家委員會預算倍增後，相關獎助、補助卻受到主任委員一人的高度影響，這對客家文化之長遠發展，似非好事；畢竟以「專業」、「客觀」、「獨立」機制來決定文化事務預算配置，才能讓文化有「活力」、「創意」、「多元」。

（二）臺灣客家文化傳承有設專責機構之必要

客家文化之「活力」、「創意」、「多元」，實有賴客家文化傳承的專責機構之「專業」、「客觀」、「獨立」，在過去法制上，並無「行政法人」之機制，預算分配雖可透過設置基金會以達公平、客觀，但專責機構就必須設在行政體系內。如今，伴隨《行政法人法》之施行，可以有一個全新的思維方向。

（三）雙軌制分流，各司其職，相輔相成

檢視客家委員會中程施政計畫之施政重點，多偏重以預算補助措施以達成，本書認為可認真思考設置「客家行政法人」來負責專業性程度高、公權力程度低之客家事務；讓客家委員會專注於宏觀政策規劃及需公權力為基礎之客家事務。藉此，相信可以擺脫客家事務之僵化行政流程限制，以使客家事務資源運用更具效能，並能帶出客家事務的更多創新觀念或作為。

行政法人（行政法人法）

目的	為規範行政法人之設立、組織、運作、監督及解散等共通事項，確保公共事務之遂行，並使其運作更具效率及彈性，以促進公共利益	
設立	行政法人，指國家及地方自治團體以外，由中央目的事業主管機關，為執行特定公共事務，依法律設立之公法人	
	特定公共事務意涵	具有專業需求或須強化成本效益及經營效能者
		不適合由政府機關推動，亦不宜交由民間辦理者
		所涉公權力行使程度較低者
會計制度	依《行政法人會計制度設置準則》辦理	
	行政法人之會計基礎，應採用權責發生制	

行政法人之「國立中正文化中心」

依據	《國立中正文化中心設置條例》		
發展文化藝術	為營運管理國家戲劇院及國家音樂廳，以確立其國家級表演藝術中心之定位，提升國家文化藝術形象、創造國際競爭優勢，並推廣表演藝術及社會藝術教育活動，提升國民文化生活水準		
性質	依《行政法人會計制度設置準則》辦理		
業務範圍	國家戲劇院、國家音樂廳之營運及管理		
	表演藝術活動之策劃、製作及推廣		
	表演藝術相關影音出版品之出版、發行、表演藝術專業技術及行政人員之培訓		
	票務系統之經營及管理		
	促進國際文化合作及交流		
	其他與表演藝術相關之業務		
經費來源	營運之收入		
	政府之補助	人事費、節目費、行銷推廣費、建築物與固定設備之重要設施維修及購置費	
		以及其他特殊維修計畫所需經費	
	受託研究及提供服務之收入		
	國內外公私立機構、團體及個人捐贈（視同捐贈政府）		
	其他有關收入		
不動產	國家戲劇院及國家音樂廳之不動產維持國有		
	由監督機關委託國立中正文化中心管理		

133

第 **9** 章

客家知識體系

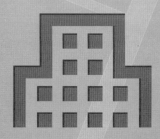

 章節體系架構 ▼

UNIT 9-1
客家知識體系之檢視

《客家基本法》第11條規範意旨，為推展客家學術研究，政府應支持國內大學校院成立客家學術相關院、系、所及學位學程，鼓勵積極從事客家相關研究，建構客家知識體系，使客家文化得以重建生機。

依客家委員會網站，長期以來，客家族群雖為臺灣社會主要族群之一，惟在語言上及文化上居於劣勢，在人文學術之研究發展上亦未受到應有之重視，以致研究客家之學術社群散落，客家研究被整編分散至不同的學科、學門，成為其他知識體系的邊陲，研究之主體性不僅不受重視，獲分配的資源也極為有限；同時，由於研究成果未經整合，致無法形成完整有系統的知識體系，肇致客家族群的影響力及政策之參與力與其族群占全國總人口比例不相稱。故《客家基本法》第11條之立法目的，在建構客家知識體系。

但什麼是「客家知識體系」？「客家知識體系」所指涉者為何？《客家基本法》立法說明中並未對「客家知識體系」加以說明。

客家委員會所訂定之《客家委員會補助大學校院發展客家學術機構作業要點》、《客家委員會獎助客家研究優良博碩士論文作業要點》、《客家委員會獎助客家學術研究計畫作業要點》、《客家委員會委託研究計畫作業要點》、《客家委員會客家學術發展委員會設置要點》等行政規則並未明確界說「客家知識體系」。

其中僅《客家委員會客家學術發展委員會設置要點》第1條，為強化客家學術研究之基礎，促進客家知識體系之發展，特成立客家學術發展委員會。同要點第2條，所稱客家知識體系發展計畫，係指行政院客家委員會補助大學校院發展客家學術機構計畫、補助購藏客家相關圖書資料計畫、獎助客家學術研究計畫、獎助優良客家研究博碩士論文計畫及其他經行政院客家委員會同意設置之計畫等。

另外，江明修等受客委會委託之《建構「客家知識體系」規劃研究》（2012），將客家知識體系分為經驗、行動及理論三個部分。

張培倫等（2008）指出，知識是人類文化發展的結晶，是人類用以表現其對世界之認知結果；而知識經一定程度之整理及結構化，即形成知識體系。

至建構「客家知識體系」策略，可採「一屋四柱」之策略。所謂「一屋」係指以「客家學」為屋頂；「四柱」係指四大支柱，包含：
❶客家研究機構。
❷獎補助客家學術研究。
❸客家圖書資料典藏。
❹客家文明博物館。

「客家學」之構成要素 (徐正光、張維安)

性質		客家學為經驗性的知識、詮釋性的知識、規範性的知識
認知 旨趣	經驗性／ 分析性的學科	以科學方法，來研究客家社會活動
		歸納，形構通則以建構理論
		強調證據之掌握與客觀實證性之研究
	歷史性／ 詮釋性的學科	重視一個社會文化行為的意義
		掌握行動者主觀的意識
		了解行為者的行為所具有的意義
	批判取向的學科	反思性、批判性之特質
		構思一個合理的社會建構

客委會推動客家知識體系之行政規則

《客家委員會 補助大學校院 發展客家學術 機構作業要 點》	目的	客家委員會，為結合國內外各大學校院資源，促進客家知識體系 之發展，以提升客家學術研究
	補助對象	政府立案之國內各大學校院，已設立或籌備成立客家學院、客家 研究相關系所、客家研究中心或開設客家研究、青年領袖人才培 育課程者
	補助範圍	設置或籌劃成立客家學院、客家研究相關系所或客家研究中心相 關事項
		大學校院客家學術機構之資源整合及合作事項
		從事國內外與客家學術有關之調查、研究、保存事項，或開設客 家相關基礎、應用課程及青年領袖人才培育課程
		客家學院或客家研究中心辦理以客家為主題相關系列學術推廣活 動事項
		大學校院輔導社團推展客家學術文化活動
		購藏客家相關圖書資料，或製作客家相關圖書資料館際聯合目錄 等事項
《客家委員會 獎助客家學術 研究計畫作業 要點》	目的	客家委員會為促進客家知識體系之發展，鼓勵學者、專家及從事 客家研究者，積極從事客家相關研究
	獎助對象	具有中華民國國籍之學者、專家及從事客家研究者，以客家相關 之研究主題者，均得申請
《客家委員會 獎助客家研究 優良博碩士論 文作業要點》	目的	客家委員會為促進客家知識體系之發展，鼓勵博碩士班研究生撰 寫有關客家研究之學位論文
	獎助對象	凡於二年內以客家相關研究為主題，並已取得教育部認可之國內 外公私立大學院校研究所博、碩士學位之論文，均得申請
《客家委員會 獎勵客家研究 所學生獎學金 試行作業要 點》	目的	客家委員會為落實《客家基本法》第11條規定，鼓勵青年學子就 讀國內各客家相關研究所，精進客語能力，廣泛培植客家知識體 系相關研究人才
	獎助類別	成績優良獎學金
		入學獎學金
《客家委員會 客家學術發展 委員會設置要 點》	目的	客家委員會為強化客家學術研究之基礎，促進客家知識體系之發 展，特成立客家學術發展委員會
	客家知識體 系發展計畫	係指本會補助大學校院發展客家學術機構計畫、補助購藏客家相 關圖書資料計畫、獎助客家學術研究計畫、獎助優良客家研究博 碩士論文計畫及其他經本委員會同意設置之計畫等

UNIT **9-2**
推動客家知識體系之芻議（一）

圖解客家政治與經濟

本書嘗試提出推動客家知識體系之初步芻議。

（一）發展客家知識體系「哲學思想」以建構「客家學」為獨立學門

從社會科學傳統主義、行為主義、後行為主義之演進來看，是一個從「總體」的「規範性理論」到「個體」的「經驗性理論」之歷程。

是以，一個已發展成熟的知識體系之內涵應以哲學思想（意識形態）為基礎，建構其總體理論，再發展出相關個體理論，進而建構制度規範。

如「共識型民主」，就是以民主政治理論為基礎（特別重視多數尊重少數之價值）發展出來的「協商式民主」，而此種多數尊重少數之民主價值，正是源自於自由主義思潮（John Rawls的正義論）。

今日，行政學已成為一門獨立且重要的學門，但早期行政學是從屬於政治學的，直至威爾遜（Woodrow Wilson）於1887年發表《行政的研究》一文，開始嘗試將行政學從政治學領域中分離出來；隨著行政學逐漸建構自己的哲學思想，行政學慢慢地成為一門獨立的學門。

目前客家知識體系相關學理多借用自其他學門（如社會學、政治學），未來客家知識體系要發展出自己的「客家學」，必須要有「客家學」自己的「哲學思想」，並發展出「客家學」自己的總體理論、個體理論，始有可能走出自己專屬學門的獨特性。

特別是以國科會的補助機制為例，先依照學門分類補助經費，再由各學門之學者競逐經費補助。故惟有建構客家研究之「哲學基礎」及「研究方法」，始能讓客家研究列為專門學門。

（二）提高客家研究機構之客家研究量能

誠如張維安於《大學校院客家學院（系所）現況調查研究》指出，客家研究的問題在於，客家研究往往不能夠隨著規劃的理想來進行；而是跟隨著所聘用的人才的專長與興趣來發展；加上如何誘導這些研究人員浸泡於「客家研究」，以調和渠等與「原先的學術專業」間之緊張性（張維安，2007：204-205）。

如欲強化客家知識體系之發展，實有必要提高中央大學、交通大學、聯合大學三校中院級的客家學院之客家研究的量能；並應督促客家學術界或客家系所應積極發展客家研究的哲學體系及理論體系，以建構「客家學」；如此，才能走出客家研究的主體性，也才是建構客家知識體系根本之道。

😃 小博士解說

❶教育部為鼓勵大學發展新興學門，已將「客家研究」領域列為新興學門。

❷國科會為提升客家研究之學術質量，從「自由型研究計畫」之學門調整及「規劃推動型計畫」兩面向進行。就自由型研究計畫面向，國科會自2013年起，於人文處之人類學門內增列「客家研究」為新興研究領域，並於中文學門內增列「客家文學」次領域。國科會另將研擬增列「多元族群與文化研究」之學門議題。

❸中央研究院人文社會科學研究中心擬設置「客家專題研究中心」。

客家學術機構

性質	名稱	成立時間
客家學院	國立中央大學客家學院	2003年6月12日揭牌，2003年8月成立
	國立交通大學客家文化學院	2004年3月7日揭牌，2004年8月正式招生
	國立聯合大學客家研究學院	2006年11月25日揭牌
系所	國立中央大學客家社會文化研究所	2003年8月成立暨招生
	國立中央大學客家語文研究所	2004年8月成立暨招生
	國立中央大學客家政治經濟研究所	2004年8月成立暨招生
	國立中央大學客家研究碩士在職專班	2005年9月23日成立，2006年8月招生
	國立交通大學人文社會學系暨族群與文化研究所	人社系自2004年8月招生，族群所自2008年8月招生
	國立交通大學傳播與科技學系	2004年8月招生
	國立交通大學客家社會與文化碩士在職專班	2006年8月招生
	國立聯合大學經濟與社會研究所	2006年8月招生
	國立聯合大學客家語言與傳播研究所	2006年8月招生
	國立聯合大學資訊與社會研究所	2007年8月招生
	國立高雄師範大學客家文化研究所	2004年10月揭牌
	國立屏東科技大學客家文化產業研究所	2006年8月成立
	國立屏東科技大學文化創意產業學系（含碩士班）	2006年8月1日成立「客家文化研究所」暨招生
客家研究中心	國立中央大學客家研究中心（一級單位）	1997年1月成立籌備處，200年5月29日成立
	明新科技大學客家文化研究中心（二級單位）	2000年8月1日成立
	國立聯合大學全球客家研究中心（二級單位）	2003年3月20日成立至2006年7月31日止為一級單位，院成立後歸屬於院，為二級單位
	美和技術學院客家社區研究中心（一級單位）	2003年5月8日成立，2005年8月1日更名
	國立成功大學客家研究中心（二級單位）	2003年12月10日成立
	國立交通大學國際客家研究中心（二級單位）	2003年12月29日成立
	國立屏東科技大學客家產業研究中心（一級單位）	2004年12月27日通過設置規章
	輔英科技大學客家健康研究中心（二級單位）	2005年1月21日通過設置規章
	玄奘大學客家研究中心（一級單位）	2005年3月9日成立
	大仁科技大學客家研究中心（二級單位）	2006年3月9日通過設置辦法
	育達商業科技大學客家研究中心（一級單位）	2006年3月14日通過設置辦法
	國立臺灣大學客家研究中心（二級單位）	2006年9月14日成立
	高美醫護管理專科學校客家研究中心	2007年10月3日成立
	國立雲林科技大學客家研究中心（一級單位）	2007年10月24日通過設置辦法
	臺北海洋技術學院客家經貿文化研究中心（二級單位）	2007年11月27日通過設置辦法
	國立臺灣師範大學全球客家文化研究中心（二級單位）	2008年3月26日通過設置要點
	中州技術學院客家研究中心（二級單位）	2009年9月23日通過設置要點
	大華技術學院客家文化中心	2009年9月成立
	仁德醫護管理專科學校客家研究中心	2010年9月通過設置要點
	樹德科技大學客家文化研究暨推廣中心	2011年4月13日通過設置辦法
	國立屏東教育大學客家研究中心（一級單位）	2012年5月18日揭牌成立

UNIT **9-3**
推動客家知識體系之芻議（二）

（三）設立「客家文明博物館」

依《國際博物館協會章程》第3條，博物館是一個為社會及其發展服務的、非營利的永久性機構，並向大眾開放；並以研究、教育、欣賞為目的之徵集、保護、研究、傳播，並展出人類及人類環境的物證。

也就是說，博物館非僅展覽功能，還有研究的功能。另配合現在「文化產業化」之趨勢下，博物館還能帶動「文化產業」的發展。

故本於博物館具有保存文化、發展知識體系、帶動文化創意產業等功能，為典藏客家文物、傳承客家文化、發展客家知識體系及客家文化創意產業，並基於推動客家文化發展為客家文明之思考，參照張維安於臺大竹北校區演講時提出「設立客家文明博物館」之觀點，政府應速設立「客家文明博物館」之建議，藉以作為保存與發揚客家文化，發展客家文明之重要機制。

（四）客家基礎資料翻譯為國際通用語言：強化國際客家研究

《客家基本法》第13條規定，政府應積極推動全球客家族群連結，建設臺灣成為全球客家文化交流與研究中心。為強化客家研究，應推動國際客家研究；為推動國際客家研究，應吸納非華人之外籍人士投入客家研究；為讓外籍人士投入客家研究，相關客家基礎資料應翻譯為國際通用語言。

客家委員會每年投入相當多的預算在進行客家學術研究，實有必要擇取研究成果優良者，翻譯為國際通行語言，以利客家知識之國際化發展。

（五）以客家知識體系作為形塑客家文化軟實力之基礎

本於Nye的軟實力是相對於武力的一種力量，它涵蓋了價值、生活方式、文化學術等領域。為形塑客家軟實力，就必須要有客家論述，而客家論述須以客家學為基礎；若要有客家學的完整論述，就必須要發展及健全客家知識體系。在客委會之年度經費倍增後，客家委員會之施政目標與施政重點，應首重客家知識體系之建立，並應多注入經費加強推動「客家研究」朝向「客家學」發展，以利較能快速而有效地推動整體客家發展。

（六）以「全球」與「在地」思維發展客家知識體系邁向客家學

客家知識體系兼具「傳統性」與「現代性」，既是傳統客家文化的結晶，亦是客家族群適應現代工業文明生活的過程。若欲完善客家知識體系，既要掌握客家傳統習俗，亦要以現代全球化觀點構思客家發展策略，故客家知識體系應至少包含三個次體系：

❶**民間性客家知識**

即傳統客家文史工作調查。

❷**學術性客家知識**

即發展客家學術理論之論述。

❸**國際性客家知識**

即國際客家研究。

客家知識體系與客家學

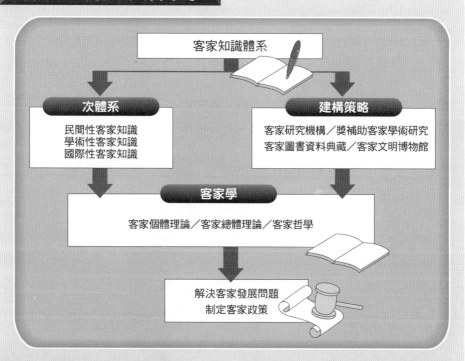

客家文明博物館

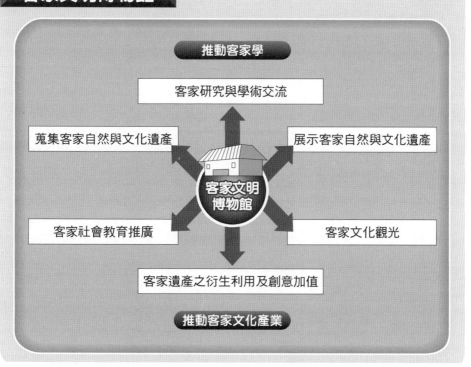

第10章

客家媒體

● 章節體系架構 ▼

UNIT **10-1**
客家廣播電視與媒體近用權

就政治學的「政治社會化理論」（political socialization）與大眾傳播的「皮下注射理論」（hypodermic-needle theory），大眾傳播在訊息之傳遞上具有強大的功能。

（一）廣播電視與言論自由

言論自由為民主憲政之基礎。廣播電視係人民表達思想與言論之重要媒體，可藉以反映公意強化民主，啟迪新知，促進文化、道德、經濟等各方面之發展，其以廣播及電視方式表達言論之自由，為憲法第11條所保障之範圍。惟廣播電視無遠弗屆，對於社會具有廣大而深遠之影響。故享有傳播之自由者，應基於自律觀念善盡其社會責任，不得有濫用自由情事。其有藉傳播媒體妨害善良風俗、破壞社會安寧、危害國家利益或侵害他人權利等情形者，國家自得依法予以限制。又為保障此項言論自由，國家應對電波頻率之使用為公平合理之分配。（司法院釋字第364號解釋理由書）

（二）廣播電視之公共性

廣播電視之電波頻率為有限性之公共資源，為免被壟斷與獨占，國家應制定法律，使主管機關對於開放電波頻率之規劃與分配，能依公平合理之原則審慎決定，藉此謀求廣播電視之均衡發展，民眾亦得有更多利用媒體之機會。（司法院釋字第364號解釋理由書）

無線電波頻率屬於全體國民之公共資源，為避免無線電波頻率之使用互相干擾、確保頻率和諧使用之效率，以維護使用電波之秩序及公共資源，增進重要之公共利益，政府自應妥慎管理。立法機關衡酌上情，乃於電信法第48條第1項前段規定，人民使用無線電波頻率，採行事前許可制，其立法目的尚屬正當。上開規定固限制人民使用無線電波頻率之通訊傳播自由，惟為保障合法使用者之權益，防範發生妨害性干擾，並維護無線電波使用秩序及無線電通信安全，可參照聯合國所屬國際電信聯合會（International Telecommunication Union）之無線電規則（Radio Regulations）第18條，及聯合國海洋法公約（United Nations Convention on the Law of the Sea）第109條。兩相權衡，該條項規定之限制手段自有必要，且有助於上開目的之達成，與比例原則尚無牴觸，並無違憲法第11條保障人民言論自由之意旨。（司法院釋字第678號解釋理由書）

（三）客家族群之媒體近用權

學理上所謂「接近使用傳播媒體」或「媒體近用權」之權利（the right of access to the media），乃指一般民眾得依一定條件，要求傳播媒體提供版面或時間，許其行使表達意見之權利而言，以促進媒體報導或評論之確實、公正（司法院釋字第364號解釋理由書）。

又《客家基本法》第12條前段，政府應保障客家族群傳播及媒體近用權。為落實保障臺灣客家族群之「傳播及媒體近用權」的權利，2003年7月1日，客家電視頻道正式開播。

電信監理（電信法）

電臺設置 許可	電臺須經交通部許可，始得設置，經審驗合格發給執照，始得使用；但經交通部公告免予許可者，不在此限
	前項電臺，指設置電信設備及作業人員之總體，利用有線或無線方式，接收或發送射頻信息
	中華民國國民不得在中華民國領域外之船舶、航空器或其他浮於水面或空中之物體上，設置或使用無線廣播電臺或無線電視電臺發送射頻信息，致干擾無線電波之合法使用
核發執照	專用電信須經交通部核准發給執照，始得設置使用
	專用電信不得連接公共通信系統或供設置目的以外之用；但經交通部核准連接公共通信系統者，不在此限
無線電 頻率管制	無線電頻率、電功率、發射方式及電臺識別呼號等有關電波監理業務，由交通部統籌管理，非經交通部核准，不得使用或變更；無線電頻率之規劃分配、申請方式、指配原則、核准之廢止、使用管理、干擾處理及干擾認定標準等電波監理業務之辦法，由交通部定之
	交通部為有效運用電波資源，對於無線電頻率使用者，應訂定頻率使用期限，並得收取使用費；其收費基準，由交通部定之
	交通部為整體電信及資訊發展之需要，應對頻率和諧有效共用定期檢討，必要時並得調整使用頻率或要求更新設備，業者及使用者不得拒絕或請求補償。但業餘無線電使用者經交通部要求調整使用頻率並更新設備致發生實際損失者，應付與相當之補償；軍用通信之調整，由交通部會商國防部處理之
	工業、科學、醫療及其他具有電波輻射性電機、器材之設置、使用及有關輻射之辦法，由交通部會商有關目的事業主管機關定之

接近使用傳播媒體（司法院釋字第364號解釋理由書）

接近使用傳 播媒體權 （the right of access to the media）	一般民眾得依一定條件，要求傳播媒體提供版面或時間，許其行使表達意見之權利而言，以促進媒體報導或評論之確實、公正
	例如媒體之報導或評論有錯誤而侵害他人之權利者，受害人即可要求媒體允許其更正或答辯，以資補救
	又如廣播電視舉辦公職候選人之政見辯論，於民主政治品質之提升，有所裨益
兼顧媒體編 輯自由之原 則	允許民眾「接近使用傳播媒體」，就媒體本身而言，係對其取材及編輯之限制
	如無條件強制傳播媒體接受民眾表達其反對意見之要求，無異剝奪媒體之編輯自由
	恐造成傳播媒體在報導上瞻前顧後，畏縮妥協之結果，反足影響其確實、公正報導與評論之功能

民眾「接近使用傳播媒體」應在兼顧媒體編輯自由之原則下，予以尊重

《客家基本法》第12條，政府應保障客家族群傳播及「媒體近用權」，依法扶助規劃設立全國性之客家廣播及電視專屬頻道；對製播客家語言文化節目之廣播電視相關事業，得予獎勵或補助

UNIT **10-2** 廣播電視法

（一）立法目的

為促進廣播、電視事業之健全發展，維護媒體專業自主，保障公眾視聽權益，增進公共利益與福祉，特制定本法。

（二）用辭釋義

❶稱廣播者，指以無線電或有線電傳播聲音，藉供公眾直接之收聽。

❷稱電視者，指以無線電或有線電傳播聲音、影像，藉供公眾直接之收視與收聽。

❸稱廣播、電視電台者，指依法核准設立之廣播電台與電視電台，簡稱電台。

❹稱廣播、電視事業者，指經營廣播電台與電視電台之事業。

❺稱電波頻率者，指無線電廣播、電視電台發射無線電波所使用之頻率。

❻稱呼號者，指電台以文字及數字序列表明之標識。

❼稱電功率者，指電台發射機發射電波強弱能力，以使用電壓與電流之乘積表示之。

❽稱節目者，指廣播與電視電台播放有主題與系統之聲音或影像，內容不涉及廣告者。

❾稱廣告者，指廣播、電視或播放錄影內容為推廣宣傳商品、觀念或服務者。

❿錄影節目帶者，指使用錄放影機經由電視接收機或其他類似機具播映之節目帶。

⓫稱廣播電視節目供應事業者，指經營、策劃、製作、發行或託播廣播電視節目、廣告、錄影節目帶之事業。

（三）主管機關

廣播、電視事業之主管機關為國家通訊傳播委員會，獨立超然行使職權。

（四）電波頻率之管制

廣播、電視事業使用之電波頻率，為國家所有，由交通部會同主管機關規劃支配。

（五）廣播電視事業種類

政府為特定目的，以政府名義所設立者，為公營廣播、電視事業。由中華民國人民組設之股份有限公司或財團法人所設立者，為民營廣播、電視事業。

（六）政黨人員及公職人員之限制

❶政黨黨務工作人員、政務人員及選任公職人員不得投資廣播、電視事業；其配偶、二親等血親、直系姻親投資同一廣播、電視事業者，其持有之股份，合計不得逾該事業已發行股份總數百分之一。

❷政府、政黨、政黨黨務工作人員及選任公職人員不得擔任廣播、電視事業之發起人、董事、監察人及經理人。

（七）禁止之播送節目

廣播、電視事業不得播送有候選人參加，且由政府出資或製作之節目、短片及廣告；政府出資或製作以候選人為題材之節目、短片及廣告，亦同。

（八）公益播送

遇有天然災害、緊急事故時，政府為維護公共安全與公眾福利，得由主管機關通知電台停止播送，指定轉播特定節目或為其他必要之措施。

電臺設立（廣播電視法）

頻率分配	電臺應依電波頻率之分配，力求普遍均衡
	其設立數目與地區分配，由主管機關會同交通部定之
空中教學	為闡揚國策，配合教育需求，提高文化水準，播放空中教學與辦理國際廣播需要，應保留適當之電波頻率
營運許可	廣播、電視事業應經主管機關許可，並發給廣播、電視執照，始得營運
	廣播、電視事業之許可，主管機關得考量設立目的、開放目標、市場情況、消費者權益及其他公共利益之需要，採「評審制」、「拍賣制」、「公開招標制」或「其他適當方式」為之
	申請經營廣播、電視事業者，應檢具設立申請書、營運計畫及其他規定文件，向主管機關申請籌設；經核可或得標者，由主管機關發給籌設許可
核發執照	取得廣播、電視事業籌設可者，應於6個月內依電信法第46條規定向主管機關申請核發電臺架設許可證，於完成架設後，申請電臺執照，並應於取得電臺執照後6個月內，申請核發廣播或電視執照
	廣播或電視執照，有效期間為9年；並於執照有效期間屆滿前，應依主管機關之公告，申請換發執照

客家媒體政策（2013年至2016年客家委員會中程施政計畫）

現有施政及計畫執行成效	結合地方需求與資源製播廣電節目，活絡客家傳播產業（如：補助串聯北、中、南、東等8家中、小功率客語電臺聯播客語節目；鼓勵「客家文化重點發展區」各鄉鎮市區地方傳播業者製播客家議題電視節目，在地發聲）
	透過委託、獎補助及與民間合作等方式，輔導媒體製播具客家元素之廣電節目，並於商業平台及重要時段播出；另鼓勵其透過不同載具發展客家數位傳播（例：影音數位典藏網路平臺「好客ING」、客語教學電視節目之APP），促進客家傳播進入主流媒體，吸引年輕世代的接受認同，促進客家傳播現代化發展
	結合客家電視辦理客家後生傳播人才培訓，提供演藝、配音及製播實務練習機會
	形塑及宣傳客家新印象，為提升客家文化之形象在各大傳播領域的能見度，陸續在國內外播放、刊登臺灣客家新風貌宣傳廣告，並運用多元媒體通路，行銷客家
客家傳播媒體面臨之環境	客家電視缺乏明確的法源依據：目前係依法以委辦方式辦理，然客家電視在公廣集團中的組織、定位為何，並無任何規範，相關預算亦欠缺法定明文保障，未來之經營與存續仍具有極大之不確定性
	數位匯流趨勢，客家傳播方式與內容應發展新樣態：數位匯流時代來臨，傳播環境變遷，廣已非唯一平台，除了善用電子媒體的影響力，有效彌補過去客家文化及母語傳承的失調，運用及發展數位化及行動之客家傳播方式與內容，勢在必行。
未來施政重點	加速配合推動客家電視法制化作業，建立客家電視得以永續發展的運作機制
	持續加強客家影視音節目之產製銷輔導、人才培育，提升客家傳播產業之競爭力
	發展客家傳播（如數位互動電視、數位匯流媒體），多元化精進產製內容，拉近客家傳播與主流媒體的差距，開展族群多元之交流與對話
	深化與轉型客家宣傳行銷內容，除延續前期改變大眾對客家刻板印象外，本期重點在強調臺灣多元族群文化之理念，除賡續強化客家族群之認同感及尊榮感，並增進其他族群對客家文化之認識瞭解，進而彼此尊重、欣賞，同時透過客家印象再塑造過程，建立客家情感品牌形象

UNIT **10-3** 客家電視臺

圖解客家政治與經濟

（一）客家電視臺之成立

　　參照客家電視臺網站資料，2003年7月1日，客家電視台正式開播，客家終於擁有專屬自己的發聲管道，它不僅是一個全方位、二十四小時關注客家文化的頻道，更是全球唯一以客語發音的電視台。以傳承客家語言與文化為職志，客家電視台除了服務客家鄉親與觀眾，同時也是各族群、各地區認識客家的最佳媒體。客家電視台成立初期，係由行政院客家委員會每年依法招標，並先後由台視、台視文化與東森電視等商業電視台承攬。但一年一標之客家電視台，頻道營運之長期規劃、制度、管理與人才培訓等經營，均難有深度之耕耘與累積。2007年1月1日，依《無線電視公股釋出條例》規定，客家電視台不再採取每年招標方式，而改委託公視基金會辦理，終能免除商業頻道之利潤考量，以及一年一標的困窘。自此客家電視台成為臺灣公廣集團的頻道成員之一，確立其兼具公共媒體、族群媒體、少數語言媒體的特性。

（二）客家電視臺之使命及營運理念

　　參照客家電視臺網站及年度報告資料，客家電視臺之使命為「行銷客家族群文化之價值」、「呵護客家語言永續之流傳」、「維護客家媒體近用之權益」、「拓展國際族群文化之交流」；至其營運理念則為「人民為本」、「客家為體」、「專業為用」。

（三）客家電視臺之經費與未來

　　目前客家電視臺由行政院客家委員會委託公視基金會辦理，客家電視台成為臺灣公廣集團的頻道成員之一。故客家電視臺經費係由客家委員會編列預算，再委託「財團法人公共電視文化事業基金會」加以執行之「設立客家電視頻道」相關業務經費，約略4億餘元。

　　依《公共電視法修正草案》第7條，客家電視臺將納併由公視基金會運作，故未來客家電視臺將成為公廣集團管轄的客家電視台（族群電視台而非頻道）。

（四）客家委員會與客家電視節目

　　目前政府除設立客家電視頻道外，亦補助民營電視臺製播客家議題電視及電影。以客家委員會2012年之年度預算為例，客委會傳播行銷處辦理推展輔助客家傳播媒體業務計畫包含❶委託設立客家電視頻道，辦理相關頻道提供、節目傳輸、攝影棚租用、後製剪接、配音及各類節目製播、採購等402,700千元；❷委託製播推廣客語教學、文化及音樂等電視節目40,000千元；❸運用廣播電台或網路、多媒體傳播，推廣優質客家語言及文化節目24,156千元；❹補助民營電臺、電視臺、傳播公司及相關團體製播優質客語廣播、客家議題電視及電影60,000千元；❺辦理客家影音人才培育，儲備客家傳播人才4,000千元。

　　由客委會的預算規模，似乎現在許多客家節目都是透過政府預算加以挹注，如何維持「媒體獨立客觀性」，及客家族群的「媒體近用權」是值得深思的。

客家電視臺組織架構（2010年客家電視臺年度報告）

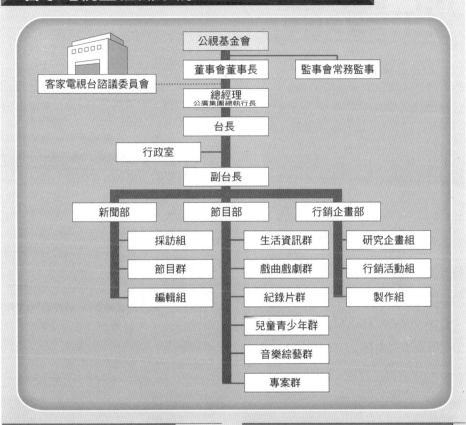

客家電視臺諮議委員會之設置

依據	《客家電視臺組織規程》第2條
產生	公視基金會設置客家電視台諮議委員會
	諮議委員之人選，由社會各界推薦，須具備客家文化、傳播、管理等專業，由董事會同意後聘任之
	諮議委員為公益無給職
工作任務	提供工作團隊意見，俾使本台對於客家族群及整體社會提供完善服務
	擔任本台與客家族群溝通之管道，反映客家族群對於本台之意見與建議，促進客家族群對本台之了解
	本台重大營運方針之初審供董事會決議
	年度工作計畫之初審供董事會決議
	本台管理及業務執行重要規章之建議
	其他經董事會決議之任務

臺灣公共廣播電視集團之客家電視頻道

《無線電視事業公股處理條例》第14條第3項	政府編列預算招標採購或設置之客家電視、原住民電視、台灣宏觀電視等頻道節目之製播
	應於本條例公布施行（2006年1月18日）後之次年度起，交由公視基金會辦理
《公共電視法》第11條第5款	節目之製播，應維護人性尊嚴；符合自由、民主、法治之憲法基本精神
	保持多元性、客觀性、公平性及兼顧族群之均衡性

臺灣公共廣播電視集團成員		中華電視公司
		公共電視臺
	公視基金會	原住民電視臺
		客家電視臺
		臺灣宏觀電視

149

UNIT **10-4**
客家廣播電台

（一）主要廣播電臺

❶財團法人寶島客家廣播電臺

財團法人寶島客家廣播電臺成立於1994年，為第1個客家廣播電臺，頻率為FM93.7（中功率），主要收聽區域為大臺北地區。

❷新客家廣播電臺

新客家廣播電臺成立於1997年，為第1家客家商業電台，頻率為FM93.5（中功率），主要收聽區域為桃園、新竹及部分苗栗、臺北地區。

❸大漢之音廣播電臺

大漢之音廣播電臺成立於2002年，頻率為FM97.1（中功率），主要收聽區域為桃園、新竹、苗栗地區。

❹高屏溪廣播電臺

高屏溪廣播電臺成立於2002年，頻率為FM106.7（中功率），主要收聽區域為高雄、屏東及部分臺南縣市地區。

（二）成立全國性客家廣播電臺

總統馬英九於2008年競選總統時所提出之客家政策白皮書中，主張設立24小時大功率全國性客家廣播電臺，顯見設立全國性客家廣播電臺有其需要性，但為何迄今仍未設立全國性客家廣播電臺？本書認為可能的原因為「對現有頻率之擠壓」、「壓縮現有地方電臺生存空間」；至可能解決之道為「中小功率電台聯播」。

❶原因一：對現有頻率之擠壓

因為頻道（率）屬稀有性之公共資源，須由國家通訊傳播委員會（NCC）考量設立目的、開放目標、市場情況、消費者權益及其他公共利益需要，統籌分配，如無政策特殊保障，全國性客家廣播電臺是否能與其他大型廣播電臺競爭，並獲設立，恐有疑義。

其次，依《廣播電視法》規定，廣播電臺執照，有效期間為9年，加以現有頻道（率）已滿載情況下，如何釋出頻道給全國性客家廣播電臺，亦屬困難。

❷原因二：壓縮現有地方電臺生存空間

一旦設立全國性客家廣播電臺，對客家族群來說，是具有正面效益。惟相對地，對現有既存之地方性客家電臺之生存，恐將產生衝擊；且也將影響地方的傳播管道，畢竟許多地方政府多透過地方性電臺宣導政令。

❸可能解決方案：中小功率電臺聯播

除了目前客委會委託商業電臺製作客家節目外（如客委會委託ICRT），本書認為以中小功率電台聯播之方式，達到「實質性之全國客家電臺」，是一個短期速達的途徑。如臺北的飛碟廣播電臺，藉由聯播方式，在中南部或是澎湖都可以收聽到。惟因聯播會受到聯播時數之限制，長遠方案，仍宜設立全國性客家廣播電臺。

（三）《客家基本法》之規範

鑑於現有客語廣播電臺數量，相對於臺灣客家族群之社會人口組成比例明顯不足，且均屬於中小功率電臺；另現行客家電視頻道亦屬委託經營性質，均尚不足以發揮傳承及推廣客家語言、文化之功能，為保障客家族群之傳播及媒體近用權，並有效達成客家語言、文化之傳承及發揚，《客家基本法》第10條爰規定：「政府應保障客家族群傳播及媒體近用權，依法扶助規劃設立全國性之客家廣播及電視專屬頻道；對製播客家語言文化節目之廣播電視相關事業，得予獎勵或補助。」

廣播電臺之功率

類型	發射功率	發射範圍
大功率	三十千瓦以下	涵蓋全臺及金、馬外島，
中功率	三千瓦以下	發射半徑二十公里
小功率	七百五十瓦以下	發射半徑十至十五公里以下

飛碟聯播網

頻率	電臺	區域	開播日期
FM 92.1	飛碟電臺	大臺北	1996年10月16日
FM 91.3	中港溪電臺	苗栗	1997年5月5日
FM 89.9	真善美電臺	臺中、彰化、南投	1997年4月12日
FM 90.5	民生展望電臺	雲林、嘉義	1997年4月12日
FM 103.9	南臺灣之聲	高雄、屏東	1997年9月29日
FM 91.3	臺東知本電臺	臺東	1997年4月16日
FM 91.3	太魯閣之音	花蓮	1997年5月11日
FM 89.9	北宜產業電臺	宜蘭	1997年5月8日
FM 89.7	澎湖社區電臺	澎湖	1997年4月23日

廣播聯播規範

現行 （報備制）	依據	1997年《廣播電臺聯合經營及聯播相關處理原則》
	聯合經營原則	目前廣播電視法原則上並未禁止廣播聯合經營行為
		惟聯合經營因涉及公平交易法經營權之聯合，因此仍應依個案向行政院公平會依法申請許可
	聯播原則	非屬新聞局依法指定之聯播行為，其進行聯播之電台應由主播電台向新聞局報備
		電台進行聯播不得違背電台營運計畫，惟營運計畫主要內容有所調整時應主動提報
		大、中功率之獨立電台聯播比率不得高於百分之五十；小功率獨立電台不得高於百分之七十；設有分台之電台，其分台聯播比率比照小功率電台標準
		電台聯播時，仍應維持本台之台名、呼號及頻率
		聯播行為涉及節目供應性質者，應依規定申請廣播電視節目供應事業許可證
修正方向 （許可制）		2012年《國家通訊傳播委員會審查廣播事業聯播處理要點（草案）》
	地方性	提供在地觀點與地方資訊之節目
		為確保中小功率地方電台服務當地民眾的設台宗旨，黃金時段（上午七點到九點、正午與傍晚五點到七點）不得聯播，僅能播出服務地方聽眾的地方性節目
	族群特殊性	政府補助廣播節目不得申請聯播
		受補助節目係為保存族群文化、語言、音樂等內容不在此限

客委會版本（行政部門第一階段）	行政院版本（行政部門第二階段）
第一條 為落實憲法保障基本人權及多元文化精神，傳承與發揚客家語言、文化，繁榮客家產業經濟，推動客家事務，保障客家族群權益，建立共存共榮之族群關係，特制定本法。	第一條 為落實憲法保障多元文化精神，傳承與發揚客家語言、文化，繁榮客庄文化產業，推動客家事務，保障客家族群集體權益，建立共存共榮之族群關係，特制定本法。
第二條　本法用詞，定義如下： 一、客家人：指具有客家血緣或客家淵源者、熟悉客語、深受客家文化薰陶，或自我認同為客家人者。 二、客家族群：指客家人所組成之群體。 三、客語：指臺灣通行之四縣、海陸、大埔、饒平、詔安等客家腔調，及獨立保存於各地區之習慣用語或因加入現代語彙而呈現之各種客家腔調。 四、客家人口：指本條第一項定義下，以政府人口普查為依據所統計之客家人口。 五、客家事務：指以增進客家族群於公共領域之文化權、語言權、傳播權、歷史詮釋權、參政權、經濟權及公共行政等面向之族群平等性、族群文化發展及認同等與客家族群有關之公共事務。	第二條　本法用詞，定義如下： 一、客家人：指具有客家血緣、客家淵源者，或熟悉客語、客家文化，且自我認同為客家人者。 二、客家族群：指客家人所組成之群體。 三、客語：指臺灣通行之四縣、海陸、大埔、饒平、詔安等客家腔調，及獨立保存於各地區之習慣用語或因加入現代語彙而呈現之各種客家腔調。 四、客家人口：指行政院客家委員會就客家人所為之人口調查統計結果。 五、客家事務：指與客家族群有關之公共事務。
第三條 行政院為協調整合本法相關事務，應設置推動委員會，並定期召開相關部會首長會議，由行政院院長或其指定人員召集之。 前項推動委員會三分之二委員，由客家學者專家及客家代表擔任，其設置辦法及相關部會首長會議實施辦法由行政院定之。	第三條 行政院為協調整合本法相關事務，必要時得召開跨部會首長會議。
第四條 政府應落實尊重多元族群之意旨，客家族群在中央政府機關（構）及國會，應有合理比例之代表。	
第五條 政府應定期召開全國客家會議，研議、協調及推展全國性客家事務。	第四條 政府應定期召開全國客家會議，研議、協調及推展全國性客家事務。
第六條 政府政策制訂及國土區域發展規劃應尊重客家族群之意願，並保障客家族群之權利與發展。	第五條 政府政策制定及區域發展規劃，應考量客家族群之權益與發展。
第七條 客家人口達百分之十以上之直轄市、縣（市）政府之客家事務專責單位，應成立跨部門整合會報；行政院應定期召開相關部會首長會議，協調整合客家事務，其實施令以命令定之。 客家人口達百分之十以上之直轄市、縣（市）政府應設置客家事務一級單位，其餘縣（市）政府應視實際需要，設客家事務專責單位，辦理客家事務。	
第八條 客家人口達三分之一以上之鄉（鎮、市）[1]，應列為「客家文化重點發展區」，加強客家語言、文化之傳承及發揚。 前述地區公教人員之客語能力認證，應列為其考評之一。 「客家文化重點發展區」之設置及推動辦法由行政院定之。	第六條 行政院客家委員會對於客家人口達三分之一以上之鄉（鎮、市、區），應列為客家文化重點發展區，加強客家語言、文化與文化產業之傳承及發揚。 前項重點發展區，應推動客語為公事語言，服務於該地區之公教人員，應加強客語能力，其取得客語認證資格者，並得予獎勵。

客委會版本（行政部門第一階段）	行政院版本（行政部門第二階段）
第九條 政府應於國家考試增訂客家事務行政人員及相關類科，以因應客家公務之需求。	第七條 政府應於國家考試增訂客家事務相關類科，以因應客家公務之需求。
第十條 政府應設立據公法人地位之客語研究中心，辦理客語認證與推廣，並設立國家客語資料庫，<u>以提供客語復育傳承、研究發展、文字化、教育與人才培訓等運用</u>。 客語研究中心之組織另以法律定之。	第八條 政府應辦理客語認證與推廣，並建立客語資料庫，積極鼓勵客語復育傳承、研究發展及人才培育。
<u>第十一條 政府應於機關、學校、公民營機構、醫療院所、法院監所及大眾運輸工具等公共領域，提供客語播音及翻譯服務，並應推動客語為公事語言</u>，落實客語無障礙環境。 <u>　　前項機關（構）、醫療院所或相關人員得依實施成效予以獎勵，其獎勵辦法由行政院定之。</u>	第九條 政府機關（構）應提供國民語言溝通必要之公共服務，落實客語無障礙環境。 辦理前項工作著有績效者，應予獎勵。
第十二條 政府應提供獎勵措施，並結合各級學校、家庭與社區推動客語，發展客語生活化之學習環境。	第十條 政府應提供獎勵措施，並結合各級學校、家庭與社區推動客語，發展客語生活化之學習環境。
第十三條 <u>政府應保存、維護與創新客家文化，並設立「客家文化產業發展基金」，積極培育專業人才，輔導客家文化產業之發展。 前項基金之設置、管理及運用辦法由行政院定之。</u>	
第十四條 政府應積極獎勵客家學術研究，鼓勵大學校院及<u>國家級客家博物館設立客家學術研究機構</u>，發展及厚植客家知識體系。	第十一條 政府應積極獎勵客家學術研究，鼓勵大學校院設立客家學術相關院、系、所與學位學程，發展及厚植客家知識體系。
第十五條 政府應保障客家族群傳播及媒體近用權，<u>辦理及評鑑客家電視及全國性客家廣播電台</u>。	第十二條 政府應保障客家族群傳播及媒體近用權，<u>依法扶助規劃設立全國性之客家廣播及電視專屬頻道；對製播客家語言文化節目之廣播電視相關事業，得予獎勵或補助</u>。
第十六條 政府應積極推動全球客家族群連結，建設臺灣成為全球客家文化交流與研究中心。	第十三條 政府應積極推動全球客家族群連結，建設臺灣成為全球客家文化交流與研究中心。
第十七條 政府應訂定「全國客家日」，以彰顯客家族群對臺灣多元文化之貢獻。	
第十八條 本法自公布日施行。	第十四條 本法自公布日施行。

1 行政院客家委員早期的草案版本（2008年6月），客家人口達百分之四十以上之鄉(鎮、市) 應列為「客家文化重點發展區」。

註：
（1）第一階段客委會版本係指2008年12月依《行政院所屬各機關主管法案報院審查應注意事項》規定召開研討會之版本；第二階段行政院版本係指2009年10月行政院院會審議通過之版本。
（2）為釐清兩個版本差異，以第二階段行政院版本為基礎，原第一階段客委會本條文文字，遭到修正部分，以劃底線註記。

圖解客家政治與經濟

行政院版本	立法委員版本（管碧玲等）
第一條 為落實憲法保障多元文化精神，傳承與發揚客家語言、文化，繁榮客庄文化產業，推動客家事務，保障客家族群集體權益，建立共存共榮之族群關係，特制定本法。	第一條 為落實憲法保障多元文化精神，傳承與發揚客家語言、文化，繁榮客庄，提振文化產業，推動客家事務，保障客家族群集體權益，建立共存共榮之族群關係，特制定本法。 關於客家事務之推動適用本法，本法未規定者，適用其他法律之規定。
第二條　本法用詞，定義如下： 一、客家人：指具有客家血緣、客家淵源者，或熟悉客語、客家文化，且自我認同為客家人者。 二、客家族群：指客家人所組成之群體。 三、客語：指臺灣通行之四縣、海陸、大埔、饒平、詔安等客家腔調，及獨立保存於各地區之習慣用語或因加入現代語彙而呈現之各種客家腔調。 四、客家人口：指行政院客家委員會就客家人所為之人口調查統計結果。 五、客家事務：指與客家族群有關之公共事務。	第二條　本法用詞，定義如下： 一、客家人：指具有客家血緣，並熟悉客語，且自我認同為客家人者。 二、客家族群：指客家人所組成之群體。 三、客語：指臺灣通行之四縣、海陸、大埔、饒平、詔安等客家腔調，及獨立保存於各地區之習慣用語或因加入現代語彙而呈現之各種客家腔調。 四、客家人口：指行政院客家委員會就客家人所為之人口調查統計結果。 五、客家事務：指與客家族群有關之公共事務。
第三條 行政院為協調整合本法相關事務，必要時得召開跨部會首長會議。	第三條 行政院為審議、協調本法相關事務，必要時得召開跨部會首長會議。 前項跨部會首長會議，由行政院副院長召集之。
第四條 政府應定期召開全國客家會議，研議、協調及推展全國性客家事務。	第四條 政府應定期召開全國客家會議，研議、協調及推展全國性客家事務。
第五條 政府政策制定及區域發展規劃，應考量客家族群之權益與發展。	第五條 政府政策制定及區域發展規劃，應考量客家族群之意願，並保障客家族群之權益與發展。
	第六條 客家人口達百分之十以上之直轄市、縣（市）政府應設置客家事務專責單位，其餘縣（市）政府應視實際需要，設客家事務專責單位或置專人，辦理客家事務。 客家人口達百分之十以上之直轄市、縣（市）政府之客家事務專責單位，應成立跨部門整合會報。
第六條 行政院客家委員會對於客家人口達三分之一以上之鄉（鎮、市、區），應列為客家文化重點發展區，加強客家語言、文化與文化產業之傳承及發揚。 前項重點發展區，應推動客語為公事語言，服務於該地區之公教人員，應加強客語能力，其取得客語認證資格者，並得予獎勵。	第七條 行政院客家委員會對於客家人口達三分之一以上之鄉（鎮、市、區），應列為客家文化重點發展區，加強客家語言、文化與文化產業之傳承及發揚。 前項重點發展區，應推動客語為公事語言，服務於該地區之公教人員，應加強客語能力，其取得客語認證資格者，並得予獎勵。 客家文化重點發展區之設置及推動事項另以命令定之。
第七條 政府應於國家考試增訂客家事務相關類科，以因應客家公務之需求。	第八條 政府應於國家考試增訂客家事務相關類科，以因應客家公務之需求。
第八條 政府應辦理客語認證與推廣，並建立客語資料庫，積極鼓勵客語復育傳承、研究發展及人才培育。	第九條 政府應建立客語研究中心，辦理客語認證與推廣，並設立國家客語資料庫，積極鼓勵客語復育傳承、研究發展及人才培育。 客語研究中心之組織另以命令定之。

行政院版本	立法委員版本（管碧玲等）
第九條 政府機關（構）應提供國民語言溝通必要之公共服務，落實客語無障礙環境。 辦理前項工作著有績效者，應予獎勵。	第十條 <u>政府應推動公事語言制度，於機關（構）、學校、公民營機構、醫療院所、法院監所及大眾運輸工具等公共領域，提供客語播音及翻譯服務，</u>落實客語無障礙環境。 <u>為落實公事語言制度，前項機關（構）、醫療院所或相關人員得依實施成效予以獎勵，其獎勵辦法另定之。</u>
第十條 政府應提供獎勵措施，並結合各級學校、家庭與社區推動客語，發展客語生活化之學習環境。	第十一條 政府應提供獎勵措施，並結合各級學校、家庭與社區推動客語，發展客語生活化之學習環境。
第十一條 政府應積極獎勵客家學術研究，鼓勵大學校院設立客家學術相關院、系、所與學位學程，發展及厚植客家知識體系。	第十二條 <u>政府應保存、維護與創新客家文化，</u>於大學校院設立客家學術相關院、系、所與學位學程，發展及厚植客家知識體系。
第十二條 政府應保障客家族群傳播及媒體近用權，依法扶助規劃設立全國性之客家廣播及電視專屬頻道；對製播客家語言文化節目之廣播電視相關事業，得予獎勵或補助。	第十三條 政府應保障客家族群傳播及媒體近用權，依法扶助規劃設立全國性之客家廣播及電視專屬頻道；對製播客家語言文化節目之廣播電視相關事業，得予獎勵或補助。
第十三條 政府應積極推動全球客家族群連結，建設臺灣成為全球客家文化交流與研究中心。	第十四條 政府應積極推動全球客家族群連結，建設臺灣成為全球客家文化交流與研究中心。
	第十五條 <u>政府應訂定「全國客家日」，以彰顯客家族群對臺灣多元文化之貢獻。</u>
第十四條 本法自公布日施行。	第十六條 本法自公布日施行。

註：
（1）行政院版本係指2009年10月行政院院會審議通過之版本，立法委員版本係指立法委員管碧玲、邱議瑩、侯彩鳳、柯建銘等2009年11月共同提案之版本。
（2）本表以行政院版本為基礎，立法委員版與行政院版有差異之處，以劃底線註記。

圖解客家政治與經濟

2010年1月27日公布

第 1 條 為落實憲法保障多元文化精神，傳承與發揚客家語言、文化，繁榮客庄文化產業，推動客家事務，保障客家族群集體權益，建立共存共榮之族群關係，特制定本法。

第 2 條 本法用詞，定義如下：
一、客家人：指具有客家血緣或客家淵源，且自我認同為客家人者。
二、客家族群：指客家人所組成之群體。
三、客語：指臺灣通行之四縣、海陸、大埔、饒平、詔安等客家腔調，及獨立保存於各地區之習慣用語或因加入現代語彙而呈現之各種客家腔調。
四、客家人口：指行政院客家委員會就客家人所為之人口調查統計結果。
五、客家事務：指與客家族群有關之公共事務。

第 3 條 行政院為審議、協調本法相關事務，必要時得召開跨部會首長會議。

第 4 條 政府應定期召開全國客家會議，研議、協調及推展全國性客家事務。

第 5 條 政府政策制定及區域發展規劃，應考量客家族群之權益與發展。

第 6 條 行政院客家委員會對於客家人口達三分之一以上之鄉（鎮、市、區），應列為客家文化重點發展區，加強客家語言、文化與文化產業之傳承及發揚。
前項重點發展區，應推動客語為公事語言，服務於該地區之公教人員，應加強客語能力；其取得客語認證資格者，並得予獎勵。

第 7 條 政府應於國家考試增訂客家事務相關類科，以因應客家公務之需求。

第 8 條 政府應辦理客語認證與推廣，並建立客語資料庫，積極鼓勵客語復育傳承、研究發展及人才培育。

第 9 條 政府機關（構）應提供國民語言溝通必要之公共服務，落實客語無障礙環境。
辦理前項工作著有績效者，應予獎勵。

第10條 政府應提供獎勵措施，並結合各級學校、家庭與社區推動客語，發展客語生活化之學習環境。

第11條 政府應積極獎勵客家學術研究，鼓勵大學校院設立客家學術相關院、系、所與學位學程，發展及厚植客家知識體系。

第12條 政府應保障客家族群傳播及媒體近用權，依法扶助規劃設立全國性之客家廣播及電視專屬頻道；對製播客家語言文化節目之廣播電視相關事業，得予獎勵或補助。

第13條 政府應積極推動全球客家族群連結，建設臺灣成為全球客家文化交流與研究中心。

第14條 政府應訂定全國客家日，以彰顯客家族群對台灣多元文化之貢獻。

第15條 本法自公布日施行。

圖解客家政治與經濟

丁元亨，2002，《語言政策研究—歐洲整合與歐盟語言政策》，臺北市：行政院客家
　　委員會。

卜彥芳，2008，〈韓國電視劇：市場產業鏈成功的啟示〉，宋培義（主編），《客文
　　化產業經營管理成功案例解讀》，北京：中國廣播電視出版社，頁3-19。

于國華，2004，〈工藝產業的再思考：除了產值，還要什麼？〉，財團法人國家文化
　　藝術基金會，《文化創意產業實務全書》，臺北市：商周，頁55-59。

王本壯、劉淑萍，2010，〈客家文化生活圈發展模式：以苗栗地區為例〉，江明修
　　（主編），《客家城市治理》，臺北市：智勝，頁346-370。

王甫昌，2003，《當代台灣社會的族群想像》，臺北市：群學。

王甫昌，2008，〈族群政治議題在台灣民主化轉型中的角色〉，《臺灣民主季刊》，
　　第5卷第2期，頁89-140。

王怡惠，2009，〈從推動體系及法制架構思考我國文化創意產業發展之整合以南韓推
　　動組織與法制架構為例〉，《科技法律透析》，第21卷，第7期，頁16-38。

王保鍵，2011，《圖解政治學》，臺北市：五南。

王保鍵，2012a，〈論客家文化重點發展區與客家文化產業〉，「第五屆城市學研究
　　學術研討會：全球化城市發展經驗比較」論文，高雄市：高雄市立空中大學，4
　　月28日。

王保鍵，2012b，〈「客家文化重點發展區」的發展途徑〉，《城市學學刊》，第3卷
　　第2期。

王素彎，2004，《「文化產業化」最佳範例的研究──以琉璃工房等個案為例研究報
　　告》，行政院文化建設委員會（委託），中華經濟研究院（執行），臺北市：行
　　政院文化建設委員會。

王嵩音，1998，〈臺灣原住民還我土地運動之媒體再現〉，《淡江人文社會學刊》，
　　第2期，頁67-95。

田哲益，2010，《臺灣原住民社會運動》，臺北市：臺灣書房。

立法院，2010，〈院會紀錄〉，《立法院公報》，第99卷，第3期，頁197-218。

江明修，2010，〈探索臺灣都市客家的圖像〉，江明修（主編），《客家城市治
　　理》，臺北市：智勝，頁1-16。

江明修、吳正中，2010，〈客家政治與民主發展〉，江明修（主編），《客家政治與
　　經濟》，臺北市：智勝，頁：29-48。

江敏華，2007，〈臺灣客語語言典藏的現況與資源整合：從學術研究角度看客語語言
　　典藏的未來展望〉，鄭錦全等（編輯），《語言政策的多元文化思考》，臺北
　　市：中央研究院語言學研究所，頁387-391。

行政院文化建設委員會，1999，《臺灣社區總體營造的軌跡》，臺北市：行政院文化
　　建設委員會。

何大安，2007，〈語言活力通說〉，鄭錦全等（編輯），《語言政策的多元文化思
　　考》，臺北市：中央研究院語言學研究所，頁1-6。

何明修，2003，〈民間社會與民主轉型：環境運動在臺灣的興起與持續〉，張茂桂、
　　鄭永年（主編），《兩岸社會運動分析》，臺北市：新自然主義，頁29-67。

冷劍波，2008，〈羅香林客家源流觀的再認識〉，肖文評（主編），《羅香林研

究》，廣州：華南理工大學出版社，頁249-260。

吳永章，2007，《客家傳統文化概說》，桂林：廣西師範大學。

吳重禮、崔曉倩，2010，〈族群、賦權與選舉評價：2004年與2008年總統選舉省籍差異的實證分析〉，《臺灣民主季刊》，第7卷第4期，頁137-182。

吳重禮、譚寅寅、李世宏，2003，〈賦權理論與選民投票行為：以2001年縣市長與第五屆立法委員選舉為例〉，《台灣政治學刊》，第7卷第1期，頁91-156。

吳家恆、方祖芳（譯），Nye, Joseph S.（原著），2006，《柔性權力》，臺北市：遠流。

吳學明，2007，〈移墾開發篇〉，徐正光（主編），《臺灣客家研究概論》，臺北市：行政院客家委員會、臺灣客家研究學會，頁42-61。

呂亞力，1991，《政治學》，臺北市：三民。

宋紀均、謝欣如，2009，〈孫中山與戰後臺灣客家發展：從1988年「還我母語」客家運動中的「祭國父文」談起〉，曾一士（編），《族群發展與文化產業》，臺北市：國立國父紀念館，頁145-162。

李西潭，2008，〈臺灣多元文化下語言政策的困境〉，「多元文化與族群語言學術研討會」論文，臺北市：國立國父紀念館、國立臺北教育大學華語文中心、文化大學華語文教學研究所，12月20日。

李長貴，1991，《社會運動學》，臺北市：水牛圖書。

李喬，2002，〈臺灣客家的情結與公共政策〉，張維安（編），《客家公共政策研討會論文集》，臺北市：行政院客家委員會，頁1.1-1.10。

李喬、許素蘭、劉慧真編，2004，《客家文學精選集：小說卷》，臺北：天下文化。

李登科等編著，1996，《國際政治》，新北市：空中大學。

汪明輝，2003，〈臺灣原住民族運動的回顧與展望〉，張茂桂、鄭永年（主編），《兩岸社會運動分析》，臺北市：新自然主義，頁95-135。

汪毅夫，2006，《客家民間信仰》，臺北市：水牛。

周蔚（譯），Crystal, David（原著），2001，《語言的死亡》，臺北市：貓頭鷹。

孟祥森（譯），Cameron, Bruce（原著），1978，《近代社會運動》，臺北市：牧童。

房學嘉，2002，《客家源流探奧》，臺北市：武陵。

房學嘉，2008，〈啟示與實踐：傳承大師精神，深化客家研究〉，肖文評（主編），《羅香林研究》，廣州：華南理工大學出版社，頁193-210。

林水波、張世賢，2006，《公共政策》，臺北市：五南。

林世哲、謝登旺，2007，〈多元文化認同下文化產業的發展—以桃園縣三民社區為例〉，孫劍秋（主編），《2007年多元文化與族群和諧國際學術研討會論文集》，臺北市：臺北教育大學華語中心，頁209-234。

林本炫，2008，〈義民爺神格的三位一體：苗栗縣義民廟的研究〉，「第二屆台灣國際客家學研討會」論文，新竹市：國立交通大學客家文化學院，12月21日。

林吉洋，2007，〈敘事與行動：臺灣客家運動的形成〉，新竹市：清華大學社會學研究所碩士論文。

林秀昭，2009，《臺灣北客南遷研究》，臺北市：文津。

林淑蓉，2007，〈飲食文化篇〉，徐正光（主編），《臺灣客家研究概論》，臺北市：行政院客家委員會、臺灣客家研究學會，頁152-178。

林詩偉，2005，〈集體認同的建構:當代台灣客家論述的內容與脈絡分析（1987-2003）〉，臺北市：國立臺灣大學國家發展研究所碩士論文。

林嘉誠，1992，《社會變遷與社會運動》，臺北市：黎明。

邱榮裕，2008，〈臺灣客家運動與客家民間信仰的發展〉，張維安等（主編），《多元族群與客家：臺灣客家運動20年》，新竹市：臺灣客家研究學會，頁225-241。

邱榮舉，2011，〈社會運動〉，「傳承與轉型：中華民國發展史論文研討會」論文，臺北市：國立政治大學人文中心，1月29日。

邱榮舉、王保鍵，2011，〈論國民黨與民進黨客家政策〉，「客家政策之回顧與展望座談會」論文。臺北市：臺北市客家公共事務協會、國立臺灣大學客家研究中心、客家雜誌社，4月28日。

邱榮舉、謝欣如，2008，〈臺灣客家運動與客家發展〉，張維安、徐正光、羅烈師（主編），《多元族群與客家：臺灣客家運動20年》，臺北市：南天，頁95-132。

金家禾、周志龍，2007，〈臺灣產業群聚區域差異及中國效應衝擊〉，《地理學報》，第19期，頁55-79。

金家禾、徐欣玉，2006，〈影響創意服務業空間群聚因素之研究——以台北中山北路婚紗攝影業為例〉，《國立臺灣大學建築與城鄉研究學報》，第13期，頁1-16。

俞寬賜，2002，《國際法新論》，臺北市：啟英。

俞龍通，2008，《文化創意、客家魅力——客家文化創意產業觀點、策略與案例》。臺北市：師大書苑。

客家風雲雜誌，1989，〈母語運動基本態度宣言〉，《客家風雲雜誌》，第15期。

施正鋒，1997，《族群政治與政策》，臺北市：前衛。

施正鋒，1998，《族群與民族主義：集體認同的政治分析》，臺北市：前衛。

施正鋒，2004，《台灣客家族群政治與政策》，臺北市：翰蘆。

施正鋒，2005，〈原住民族的選舉制度——少數族群的代表性的國際觀點〉，「原住民族立委選制的展望研討會」論文，臺北市：原住民同舟協會主辦，11月26日。

施正鋒，2008，《原住民族人權》，臺北市：翰蘆。

施正鋒、張學謙，2003，《語言政策及制定『語言公平法』之研究》，臺北市：前衛。

施正鋒編，2002，《語言政策研究——語言權利法典》，臺北市：行政院客家委員會。

柯承恩，2009，〈台灣文化藝術組織蛻變的必要旅程〉，朱宗慶，《法制獨角戲——話說行政法人》，臺北市：傑優文化，頁5-6。

洪泉湖，2007，〈臺灣美濃文化產業的發展與客家文化傳承〉，孫劍秋（主編），《2007年多元文化與族群和諧國際學術研討會論文集》，臺北市：臺北教育大學華語中心，頁173-192。

洪泉湖等，2005，《臺灣的多元文化》，臺北市：五南。

苗延威（譯），Porta, Donatella & Mario Diani（原著），2002，《社會運動概論》，臺北市：巨流。

范珍輝等，1998，《社會運動》，臺北市：國立空中大學。

范振乾，2008，《客裔臺灣人生態學：文化與社會》，臺北市，南天。

范振乾，2009，《客裔族群生態之深層解析：歷史記憶與未來》，臺北：南天。

范盛保，2002，〈澳洲的語言政策——從同化到多元文化〉，施政鋒（主編），《各國語言政策：多元文化與族群平等》，臺北市：前衛，頁111-150。

范盛保，2010，《多元文化、族群意識與政治表現》，臺北市：臺灣國際研究學會。

徐世榮，1999，〈新社會運動、非營利組織、與社區意識的興起〉，《中國行政》，第66期，頁1-20。

徐正光，2008，〈序：塑造臺灣社會新秩序〉，徐正光（主編）《徘徊於族群和現實之間：客家社會與文化》，臺北市：正中，頁4-9。

徐正光、張維安，2007，〈導論：建立臺灣客家知識體系〉，徐正光（主編），《臺灣客家研究概論》，臺北市：行政院客家委員會、臺灣客家研究學會，頁1-18。

徐正戎、張峻豪，2004，〈從新舊制度論看我國雙首長制〉，《政治科學論叢》，第22期，頁139-180。

徐杰，2007，《語言規劃與語言教育》，上海：學林。

徐揮彥，2008，〈從歐盟文化政策之發展與實踐論文化權之保障：以文化多樣性為中心〉，《歐美研究》，第38卷，第4期，頁671-751。

高承恕，1990，〈臺灣新興社會運動結構因素之探討〉，徐正光、宋文里（合編），《臺灣新興社會運動》，臺北市：巨流，頁9-19。

張世賢，2008，〈臺灣客家運動的起伏與隱憂〉，張維安、徐正光、羅烈師（主編），《多元族群與客家：臺灣客家運動20年》，臺北市：南天，頁299-334。

張永利，2005，〈如何振興原住民語言〉，「語言政策的多元文化思考系列研討會之四：語言政策的多元文化思考」會議，臺北市：中央研究院主辦，12月22日。

張珍立（譯），Lash, Scott and Mike Featherstone（原著），2009，〈肯認與差異：政治、認同與多元文化〉，Scott Lash and Mike Featherstone（主編），《肯認與差異》，臺北縣：韋伯。

張珍立（譯），Westwood, Sallie（原著），2009，〈肯認與差異：政治、認同與多元文化〉，收錄於Scott Lash and Mike Featherstone（主編），《肯認與差異》，臺北縣：韋伯。

張茂桂，1990，《社會運動與政治轉化》，臺北市：國家政策研究資料中心。

張茂桂、鄭永年，2003，〈導論〉，張茂桂、鄭永年（主編），《兩岸社會運動分析》，臺北市：新自然主義，頁1-11。

張培倫，2005，《秦力克論自由主義與多元文化主義》，宜蘭縣：佛光人文社會學院。

張培倫、汪明輝、蔡中涵，2008，《建構臺灣原住民族知識體系之規劃研究》，臺北市：行政院原住民族委員會。

張富忠，1988，〈民進黨人成了閩南人的黨〉，《客家風雲》，第12期。

張菲娜（譯），Hesmondhalgh, David（原著），2007，《文化產業》，北京：中國人民大學出版社。

張維安，2007，《大學校院客家學院（系所）現況調查研究》，行政院客家委員會（委託），國立清華大學社會學研究所（執行），臺北市：行政院客家委員會。

張維安，2008，〈以客家為方法：客家運動與台灣社會的思索〉，張維安、徐正光、

羅烈師（主編），《多元族群與客家：臺灣客家運動20年》，臺北市：南天，頁401-418。

張維安，2009，〈台灣客家研究近況與展望〉，《新竹文獻》，第36期，頁6-23。

張維倫等（譯），Throsby, David（原著），2003，《文化經濟學》，臺北市：典藏。

張學謙，2003，〈母語讀寫與母語重建〉，《東師語文學刊》，第13期，頁97-120。

張學謙，2007，〈邁向多元化的臺灣國家語言政策：從語言歧視到語言人權〉，鄭錦全等（編輯），《語言政策的多元文化思考》，臺北市：中央研究院語言學研究所，頁229-257。

梁景峰，2008，〈風雲1987：客家風雲雜誌創刊的時代背景和藍圖〉，張維安、徐正光、羅烈師（主編），《多元族群與客家：臺灣客家運動20年》，臺北市：南天，頁335-345。

淡江大學教育品質管制委員會，1996，《淡江第三波研究與學習手冊》，臺北縣：淡江大學。

許木柱，1990，〈臺灣原住民的族群認同運動：心理文化研究途徑的初步探討〉，徐正光、宋文里（合編），《臺灣新興社會運動》，臺北市：巨流，頁127-156。

陳坤森（譯），Lijphart, Arend（原著），1993，《當代民主類型與政治》，臺北市：桂冠。

陳定銘，2010，〈客家社區治理〉，江明修（主編），《客家政治與經濟》，臺北市：智勝，頁101-134。

陳板，2007，〈社區營造篇〉，徐正光（主編），《臺灣客家研究概論》，臺北市：行政院客家委員會、臺灣客家研究學會，頁503-533。

陳健宏，2010，《語言與國族的文化辯證》，臺北市：Airiti Press Inc.。

陳培豐，2001，〈重新解析日本統治下臺灣的『同化』國語教育政策：以日本近代思想史為座軸〉，《臺灣史研究》，第7卷2號，頁1-48。

陳隆志主編，2006，《國際人權法文獻選集與解說》，臺北市：前衛。

陳運棟，2007，〈源流篇〉，徐正光（主編），《臺灣客家研究概論》，臺北市：行政院客家委員會、臺灣客家研究學會，頁19-41。

彭文正，2009，《客家傳播理論與實證》，臺北市：五南。

彭欽清、黃子堯，2007，〈文學篇〉，徐正光（主編），《臺灣客家研究概論》，臺北市：行政院客家委員會、臺灣客家研究學會，頁337-361。

曾金玉，2000，〈台灣客家運動之研究（1987-2000）〉，臺北市：臺灣師範大學公民訓練研究所碩士論文。

曾貴海，2005，〈臺灣客家語言維持的現況與展望〉，「語言政策的多元文化思考系列研討會之一：臺灣客語的活力與傳承」會議，臺北市：中央研究院，7月16日。

雅柏甦詠・博伊哲努，2007，〈聯合國原住民族權利宣言與台灣原住民族權利保障〉，《台灣原住民研究論叢》，第2期，頁141-168。

黃子堯，2003，《文化、權力與族群精英：臺灣客家運動史的研究與論述》，臺北市：行政院客家委員會獎助客家學術研究計畫。

黃子堯，2005，《臺灣客家與三山國王信仰：族群、歷史與民俗文化變遷》，臺北

縣：客家台灣文史工作室。

黃子堯，2006，《臺灣客家運動史：文化、權力與族群精英》，臺北縣：客家台灣文史工作室。

黃玉振，2011，《客家基本法——客法新成》，臺北市：行政院客家委員會。

黃居正，2010，〈從St. Catherine's Milling Co.案到R. v. Sparrow案——加拿大法下的原住民族傳統領域權〉，施正鋒（編），《加拿大原住民權利保障》，花蓮縣：國立東華大學原住民民族學院，頁47-72。

黃宣範，1993，《語言、社會與族群意識：臺灣語言社會學的研究》，臺北市：文鶴。

黃蘭翔，2011，〈關於臺灣客家建築的根源及其型態的特徵〉，《臺大文史哲學報》，第74期，頁223-285。

楊仁煌，2009，〈行政倫理與文化政策管理：以Sakizaya民族文化創意產業為例〉，曾一士（編），《族群發展與文化產業》，臺北市：國立國父紀念館，頁163-202。

楊長鎮，2008，〈社會運動與客家人文化身份意識之甦醒〉，徐正光（主編），《徘徊於族群和現實之間：客家社會與文化》，臺北市：正中，頁184-197。

楊國樞，1990，〈臺灣新興社會運動研討會總結報告〉，徐正光、宋文里（主編），《臺灣新興社會運動》，臺北市：巨流，頁311-325。

楊國鑫，2008，〈臺灣的客家問題、客家運動與客家學〉，張維安、徐正光、羅烈師（主編），《多元族群與客家：臺灣客家運動20年》，臺北市：南天，頁133-153。

萬無畏等，2008，《創意產業：轉變經濟發展方式的策動力》，上海：上海社會科學院出版社。

葉啟芳、瞿菊農（譯），Locke, John（原著），1986，《政府論次講》，臺北市：唐山。

廖珮君（譯），Hesmondhalgh, David（原著），2009，《文化產業分析》，臺北縣：韋伯。

趙永茂，2001，〈新政黨政治形勢對台灣地方派系政治的衝擊：彰化縣與高雄縣個案及一般變動趨勢分析〉，《政治科學論叢》，第14期，頁153-182。

趙永茂，2002，《臺灣地方政治的變遷與特質》，臺北市：翰蘆。

趙永茂，2007，〈台灣地方治理的發展策略與方向〉，《研習論壇》，第74期，頁7-14。

趙敦華，1988，《勞斯的「正義論」解說》，臺北市：遠流。

趙鼎新，2007，《社會運動與革命：理論更新和中國經驗》，臺北市：巨流。

劉文彬，2005，《西洋人權史——從英國大憲章到聯合國科索沃決議案》，臺北市：五南。

劉吉發、岳紅記、陳懷平，2005，《文化產業學》，北京：經濟管理出版社。

劉阿榮，2007，〈族群記憶與國家認同〉，孫劍秋（主編），《2007年多元文化與族群和諧國際學術研討會論文集》，臺北市：臺北教育大學華語中心，頁7-14。

劉阿榮，2010，〈客家企業精神與倫理〉，江明修（主編），《客家政治與經濟》，臺北市：智勝，頁219-243。

劉煥雲、張民光、洪顯政，2006，〈全球在地化與客家文化創意產業發展方向之研

究〉，彭基山（編），《2005客家文化創意產業行銷國際學術研討會論文集》，苗栗市：苗栗縣文化局，頁177-204。

劉還月，1999，《臺灣的客家族群與信仰》，臺北市：常民。

蔡尚傳、溫洪良，2006，《文化產業導論》，上海：復旦大學出版社。

蔡芬芳，2002，《語言政策研究―比利時語言政策》，臺北市：行政院客家委員會。

鄧正來（譯），Bodenheimer, Edgar（原著），1999，《法理學：法哲學與法學方法》，臺北市：漢興。

鄧紅風（譯），Kymlicka, Will（原著），2004，《少數群體的權利：民族主義、多元文化主義與公民權》，臺北市：左岸文化。

鄭榮興，2007，〈戲曲篇〉，徐正光（主編），《臺灣客家研究概論》，臺北市：行政院客家委員會、臺灣客家研究學會，頁320-336。

鄭寶珠，2005，〈傳承客語客家團體挑大樑〉，《客家文化季刊》，第13期，頁2-3。

蕭新煌，1990，〈臺灣新興社會運動的分析架構〉，徐正光、宋文里（主編），《臺灣新興社會運動》，臺北市：巨流，頁21-46。

蕭新煌、黃世明，1988，〈臺灣地方社會與客家政治力：客家族群派系的類型、發展及限制〉，《第四屆國際客家學研討會：客家與當代世界》，臺北市：中央研究院民族學研究所，頁1051-1082。

蕭新煌、黃世明，2008，〈臺灣政治轉型下的客家運動及其對地方社會的影響〉，張維安、徐正光、羅烈師（主編），《多元族群與客家：臺灣客家運動20年》，臺北市：南天，頁157-182。

蕭新煌、顧忠華主編，2010，《台灣社會運動再出發》，臺北市：巨流。

賴志彰，2007，〈建築篇〉，徐正光（主編），《臺灣客家研究概論》，臺北市：行政院客家委員會、臺灣客家研究學會，頁362-388。

賴顯松編輯，2009，《客家文化傳承與願景》，臺北市：行政院客家委員會；高雄市：高雄市政府客家事務委員會。

薛保瑕，2002，《文化創意產業概況分析調查》，行政院經濟建設委員會（委託），國家文化藝術基金會研究（研究），臺北市：行政院經濟建設委員會。

謝在全、黃玉振等，2009，〈「客家基本法草案」專題研討會〉，《臺灣法學雜誌》，第119期，頁46-87。

謝俊逢，2007，〈音樂篇〉，徐正光（主編），《臺灣客家研究概論》，臺北市：行政院客家委員會、臺灣客家研究學會，頁294-319。

謝重光，1999，《客家源流新探》，臺北市：武陵。

謝重光，2008，〈羅香林先生對客家研究的貢獻與侷限〉，肖文評（主編），《羅香林研究》，廣州：華南理工大學出版社，頁179-192。

謝國斌，2010，〈臺灣族群研究的發展〉，施正鋒（編），《原住民族研究》，花蓮縣：國立東華大學原住民民族學院，頁57-90。

鍾國允，2010，〈客家基本法之分析〉，江明修（主編），《客家政治與經濟》，臺北市：智勝，頁49-78。

鍾肇政編，1994，《客家台灣文學選》，臺北市：新地文學。

闕河嘉，2007，〈比利時多元文化政策的差異與挑戰〉，「瞭解當代比利時民主政治學術研討會」論文，臺北市：臺灣國際研究學會，10月14日。

羅勇，2008，〈論民間信仰對客家傳統社會得調控功能〉，賴澤涵、傅寶玉（主編），《義民信仰與客家社會》，臺北市：南天，頁435-453。

羅香林，1981，《客家研究導論》，臺北市：眾文。

羅香林，1989，〈客家源流考〉，張衛東、王洪友（主編），《客家研究（第一集）》，上海：同濟大學出版社，頁3-77。

羅香林，1992，《客家研究導論》，臺北市：南天。

羅烈師，2007，〈宗教信仰篇〉，徐正光（主編），《臺灣客家研究概論》，臺北市：行政院客家委員會、臺灣客家研究學會，頁179-201。

羅萱、鍾憲瑞，2010，〈群聚效應與廠商績效：產品互補與市場不確定性的調節角色〉，《台灣原住民研究論叢》，第21卷第1期，頁23-46。

羅肇錦，1991，〈何謂客家文學？〉，《台灣文學》，第5期，頁176-179。

羅肇錦，2007，〈語言文化篇〉，徐正光（主編），《臺灣客家研究概論》，臺北市：行政院客家委員會、臺灣客家研究學會，頁237-263。

行政院客家委員會，2002，《2002全球客家文化會議實錄》，臺北市：行政院客家委員會。

行政院客家委員會，2008，《97年度全國客家人口基礎資料調查研究》，臺北市：行政院客家委員會。

行政院客家委員會，2010，《2010客家桐花祭總體效益與影響評估》，臺北市：行政院客家委員會。

行政院客家委員會，2011，《99年至100年全國客家人口基礎資料調查研究》，臺北市：行政院客家委員會。

Allard, Real and Rodrigue Landry.(1992). "Ethnolimguistic vitality beliefs and language maintenance and loss." In Willem Fase, Koen Jaspaert and Sjaak Kroon (eds), *Maintenance and Loss of Minority Languages* (pp.171-195). Amsterdam: John Benjamins.

Day, Richard J. F. (2002). *Multiculalism and the History of Canadian Diversity*. Canada: University of Toronto Press.

Denis, Wilfrid.(1999). "Language Policy in Canada." In Peter S. Li (eds), *Race and Ethnic Relactions in Canada* (pp.178-218). Canada: Oxford University Press.

Driedger, Leo. (2003). *Race and Ethnicity: Finding Identities and Equalitiesy*. Canada: Oxford University Press.

Elazar, Daniel J. (1980). "The Political Theory of Covenant: Biblical Origins and Modern Developments." *The Journal of Federalism*, Vol.10, No. :28-35.

Festenstein, Matthew. (2005). *Negotiating Diversity: Culture, Deliberation, Trust*. Cambridge: Polity Press.

Gorden, R. (1987). *Interviewing Strategies*. Chicago: Dorsey Press.

Gurr, Ted (1970). *Why Men Rebel*. N.J.: Princeton University Press.

Hesmondhalgh, David. (2002). *The Culture Industries*. London: Sage Publications Ltd.

Isaak, Alan C. (1984). *Scope and Method of Political Science*. Homewood, Ill.: The Dorsey Press.

Kymlicka,Will.(2007). "The new debate on minority rights(and postscript)." In Willem Laden, Anthony Simon and David Owen (eds), *Multiculturalism and Political Theory* (pp.25-59). Cambridge: Cambridge University Press.

Lott , Bernice (2010). *Multiculturalism and Diversity: A Social Psychological Perspective.* West Sussex: John Wiley & Sons Ltd.

McAdam, Doug. (1982). *Political Process and the Development of Black Insurgency: 1930-1970.* Chicago: University of Chicago Press.

McAdam, Doug. (1997). *Social movements.* New York: Oxford University Press

McAleese, Mary.(2001). "Forword." In Logley, Edna and Declan Kiberd, *Multi-Culturalism: The View from the Two Irelands* (pp.vii-ix). Ireland: Cork University Press.

Mills, Charles W.(2007). "Multiculturalism as/and/or anti-racism." In Willem Laden, Anthony Simon and David Owen (eds), *Multiculturalism and Political Theory* (pp.60-88). Cambridge: Cambridge University Press.

Neuwirth, Rostam.(2008). "The Culture Industries: From the Common Market to a Common Sense." In Ward, David (eds), *The European Union and the Culture Industries: Regulation and the Public Interest* (pp.241-258). Hampshire: Ashgate Publishing Limited.

Nye, Joseph S (2005). *Soft Power: The Means to Success in World Politics.* N.Y.: Perseus Books Group.

O'Donnell, Guillermo and Phillipe Schmitte. (1986). *Transition from Authoritarian Rule: Tebtative Conclusions.* Baltimore: John Hopkins University Press.

Patten, Alon.(2001)."Political Theory and Longuage Policy".Political Theory. Vol 29, No.5:683-707.

Robertson, Ian. (1987). *Sociology.* New York: Worth Publishers.

Russell, Peter H.(1996). "Constitution, Citizenship and Ethnicity." In Jean Laponce and William Safran (eds), *Ethnicity and Citizenship-The Canadian Case-* (pp.96-106). London: Frank Cass & Co. Ltd.

Strauss , Anselm and Juliet Corbin. (1988). *Basics of qualitative research: Techniques and procedures for developing grounded theory.* Thousand Oaks, CA: Sage.).

Tilly, Charles. (1987). *From Mobilization to Revolution.* Reading, Mass.: Addison-Wesley Pub. Co.

Tumin, Melvin M. (1964). "Ethnic Group." Julus Gould and William L. Kolb (eds), *Dictionary of the Social Sciences*, 243, New York: Free Press.

U.S. Census Bureau.(2002). *Census of Governments*, Volume 1, Number 1, Government Organization, GC02(1)-1,U.S. Government Printing Office, DC: Washington.

Wallen, Thelma J. (1991). *Multiculturalism and Quebec: A Province in Crisis.* Canada: Williams-Wallace Publishers.

Walzer, Michael. (1997). *On Toleration.* New Haven, CT and London: Yale University Press.

Watson , Conrad William (2000). *Multiculturalism.* Philadelphia: Open University Press.

Whitmore. E. (1988). "Empowerment and the process of inquiry." A paper presented at

圖解客家政治與經濟

the annual meeting of the Canadian Association of schools of Social Work, Windsor, Ontario.

Williams, Raymond.(1976). *Keywords: A Vocabulary of Culture and Society*. NY: Oxford University Press.

Young, Iris Marion. (1989). "Policy and Group Difference: A Critique of the Ideal of Universal Citizenship." *Ethics*, Vol.99, No.2: 250-274.

Young, Iris Marion.(2007). "Structural injustice and the politics of difference." In Willem Laden, Anthony Simon and David Owen (eds), *Multiculturalism and Political Theory* (pp.60-88). Cambridge: Cambridge University Press.

另參考了原住民族委員會、客家委員會、國家政策研究基金會、數位典藏國家型科技計畫、聯合國等各機關（構）相關網站資料。

圖解客家政治與經濟

國家圖書館出版品預行編目資料

圖解客家政治與經濟 / 王保鍵著.--初版.-臺北市：
五南, 2013.03
　面； 公分. （圖解系列）
ISBN 978-957-11-6999-6（平裝）
1. 客家　2. 政治經濟　3. 文化
536.211　　　　　　　　　　102001455

1PN5

圖解客家政治與經濟

| 作　　　者 — 王保鍵 (14.2) |
| 發 行 人 — 楊榮川 |
| 總 編 輯 — 王翠華 |
| 主　　　編 — 劉靜芬 |
| 責任編輯 — 游雅淳 |
| 美術設計 — P.Design視覺企劃 |
| 出 版 者 — 五南圖書出版股份有限公司 |
| 地　　　址：106台北市大安區和平東路二段339號4樓 |
| 電　　　話：（02）2705-5066　傳　　真：（02）2706-6100 |
| 網　　　址：http://www.wunan.com.tw |
| 電子郵件：wunan@wunan.com.tw |
| 劃撥帳號：0106895-3 |
| 戶　　　名：五南圖書出版股份有限公司 |
| 法律顧問　元貞聯合法律事務所　張澤平律師 |
| 出版日期　2013年3月初版一刷 |
| 定　　　價　新臺幣250元 |